La paradoja de la Curva de Phillips en la Argentina

OSVALDO DANIEL MAQUES

La paradoja de la Curva de Phillips en la Argentina

La realidad y la teoría

teseo

Maques, Osvaldo Daniel
   La paradoja de la curva de Phillips en la Argentina : la realidad y la
teoría . - 1a ed. - Buenos Aires : Teseo, 2010.
   146 p. ; 20x13 cm. - (Ensayo)

   ISBN 978-987-1354-49-8

   1. Ensayo Económico. I. Título
   CDD 330

© Editorial Teseo, 2010
Buenos Aires, Argentina

ISBN 978-987-1354-49-8
Editorial Teseo

Para sugerencias o comentarios acerca del contenido de esta obra,
escríbanos a: info@editorialteseo.com

www.editorialteseo.com

ÍNDICE

No puedo dejar de reconocer a las personas que me han otorgado consejos sobre el material bibliográfico y la opinión profesional sobre las presentaciones realizadas: al Dr. Mario E. Burkun, Secretario de Posgrado de la Universidad Nacional de La Matanza y Profesor en Ciencias Económicas, Universidad de Buenos Aires; al Dr. Guillermo Vitelli, Profesor de la Universidad de Buenos Aires, La Matanza y Lanús; Dr. José Cafiero, Mg. en Relaciones Internacionales, Universidad de Columbia, EE.UU. Agradezco también a todos aquellos que me han facilitado la posibilidad de consulta del material requerido: Sr. Maximiliano Calabuig del Estudio VN Business Process SRL y la Sra. Elsa Duffy de la Biblioteca del Ministerio de Economía de la Nación.

A Martín, Federico, Sebastián y María Amelia.

INTRODUCCIÓN

Los ciclos del pensamiento económico internacional siempre se han caracterizado por el desarrollo de las normas que justificaron la construcción de modelos y sus correspondientes políticas económicas.

Los mismos, lejos de preservar leyes y parámetros exactos, han sido definitorios para la sustentación del poder político dominante. Sobre todo en países en desarrollo, como el nuestro.

La confrontación y sucesión de hechos de la realidad han servido para la crítica sistemática de las distintas corrientes de economía política, tanto la fundamentada en el pensamiento clásico como la respaldada en el keynesiano con las respectivas escuelas post.

El crecimiento económico-social siempre se ha manifestado como el objetivo principal en nuestro país. La utilización de variados instrumentos con el fin de llegar a ese objetivo se ha caracterizado por una permanente disparidad de criterios.

Es posible observar variados escenarios destacando los que han manifestado una continua debilidad institucional a la hora de aspirar al crecimiento sobre la base de una fuerte identidad social.

Diferentes autores en la economía contemporánea nos han permitido observar las distintas etapas que se identifican en función del accionar del Estado: un accionar acorde a la economía liberal, un accionar intervencionista y un extremo dirigismo del andamiaje económico. A fines del siglo XX se puede percibir una cuarta etapa caracterizada por el denominado neo-liberalismo, que a su vez y ante un resquebrajamiento de la política social impuesta, permite observar nuevos planteos que anteriormente no habían encontrado una definición concreta.

En la Argentina el crecimiento, ficticio o no sustentable como el vivido desde fines de la década del '70 hasta terminar el siglo XX, ha generado fuertes contradicciones en el entendimiento de la identidad de país, sobre todo en las nuevas generaciones.

El pago de un factor como el salario –su incidencia en los costos de las empresas desde el punto de vista microeconómico y sus efectos macroeconómicos en lo referente a la medición de las etapas de crecimiento o períodos recesivos de la economía– ha sido el perfil más importante para que la estructura de la desocupación actuara como variable de ajuste, de acuerdo al marco político asumido en cada momento histórico.

Esta situación presenta la necesidad de profundizar el análisis de las debilidades que caracterizan esos resultados, juntamente con las diferentes variables exógenas que han sido causales de ese debilitamiento entre mediados de la década del cuarenta y principios del nuevo siglo.

Antecedentes

El estudio de variables como el salario y la desocupación ha sido un problema de enorme relevancia analizado por las distintas corrientes de pensamiento económico en su desarrollo conceptual.

Es evidente que la performance evolutiva de la escuela keynesiana ha sembrado y cosechado el camino alternativo a las soluciones habitualmente establecidas por la escuela tradicional.

El estudio de las políticas de cada una de las sucesivas autoridades gubernamentales desde 1946 hasta la actualidad permite analizar sus resultados y determinar las dicotomías que al mismo tiempo hacen posible analizar los errores de percepción y aplicación de diferentes modelos no adaptables a las necesidades del país.

La utilización de instrumentos de política fiscal o de tendencia monetarista según los distintos perfiles socio-económicos desde comienzos de la década del 40 es un elemento para observar los cambios en la política interna como consecuencia de los nuevos parámetros internacionales. Lo cual implica un análisis y acción de variables que es necesario estudiar más detenidamente.

El caso de que un aumento de salarios pueda ser compatible con una baja en la desocupación, como se visualiza en el enfoque tradicional de la Curva de Phillips, es importante para realizar un análisis macroeconómico y de esa forma justificar determinadas políticas económicas, que identifican el accionar del Estado en el campo económico.

La contradicción de esta concepción se profundiza desde fines de la década del '60 a través de la escuela monetarista, con baluartes específicos y un rescate de los principios esenciales contenidos en el pensamiento clásico.

Pero la gestación económica conformada en las últimas décadas del siglo pasado hace posible destacar que los instrumentos de poder de los oligopolios financieros internacionales y la debilidad de opciones para el desarrollo en el campo nacional por esa política han sido los lineamientos básicos de esta etapa en la mayor parte de los países subdesarrollados.

En nuestro país entre 1945 y 2004 se han manifestado fuertes contradicciones en la política económica, con la utilización permanente del salario nominal y la desocupación como variables claves de diferentes planes económicos de los distintos planteos políticos suscitados en dicho período.

Es necesario, entonces, realizar una observación pragmática de ese manejo para entender con mayor claridad cada uno de los caminos que se han recorrido, y de esa forma establecer el de mejor resultado para lograr los objetivos de desarrollo económico y equilibrio social que siempre han sido manifestados por los diversos gobiernos, con resultados que –fuera del deseo– estaban muy alejados de los principios enunciados.

Organización

La organización de este trabajo presenta la siguiente estructura.

En primer lugar se hará una breve presentación histórica de la denominada Curva de Phillips, juntamente con los estudios que afianzaron su medición, aquellos otros que –desde mediados de la década del 60– criticaron su aplicabilidad, particularmente Milton Friedman y Edmund Phelps, siendo el primer autor el fundador de la denominada "Escuela Monetarista de Chicago".

Pero, a partir de la década del 70, esta misma corriente comenzó también a tener dificultades en su crítica, sobre todo debido a las nuevas reglas del sistema económico mundial.

Posteriormente serán analizadas para el caso de la Argentina las distintas etapas, desde 1946 hasta la actualidad, mediante el uso de datos anuales de la variación de los salarios básicos de convenio del personal no calificado de la industria y la construcción, y el porcentual de desocupación[1] con el fin de constatar el comportamiento de la Curva de Phillips. El método estadístico utilizado ha sido básicamente el de mínimos cuadrados ordinarios.

Es importante destacar dos etapas en el periodo señalado:

---

[1]   Mercado de trabajo, Gran Bs As., INDEC, 2003.

- desde 1946, el ciclo económico internacional se identifica con la llamada "economía del bienestar", de tendencia keynesiana, coincidiendo en sus comienzos en nuestro país con un gobierno de una definida política a favor del crecimiento nacional en base a la aplicación de política fiscal, y con una concepción de la distribución del ingreso que, posteriormente a 1954, ha presentado oscilaciones representativas hasta 1976;
- desde el año mencionado, el deterioro de la distribución del ingreso "Y" ha sido muy significativo, producto de la utilización de políticas acordes con un ciclo mundial caracterizado por la nueva concepción del neoliberalismo con la aplicación de políticas de corte monetarista.

Los cambios económicos y costos sociales como resultado de la misma han sido altamente negativos en la concepción social hasta fines del año 2001, año a partir del cual se produce un importante cambio en la política económica en nuestro país.

La ampliación del análisis iniciado por Mario Brodersohn entre los años 1964 y 1974, en "La Curva de Phillips y el conflicto entre el pleno empleo y la estabilidad de precios en la economía argentina, 1964 y 1974", del cual fueron obtenidos importantes elementos, tiene como objetivo profundizar el estudio y considerar la relación entre la variación del salario y la desocupación en la economía argentina como resultado de las diferentes políticas asumidas.

Según los resultados obtenidos por el análisis de la Curva de Phillips es posible identificar los lineamientos de las políticas vigentes en las etapas analizadas.

Al margen de las fortalezas o debilidades del estudio realizado por A. W. Philllips, es factible observar los condicionantes que indefectiblemente han influido en los resultados del presente estudio.

La intención es analizar los grandes lineamientos económicos en las dos etapas señaladas (1946-1975, 1976-2004) y mostrar la paradoja que a través de la Curva de Phillips se presenta en la evolución de la desocupación –y por ende del salario nominal– en los dos períodos.

Si bien el esquema económico neoclásico sugiere que el aumento o disminución de la desocupación presenta una función con pendiente contradictoria de la Curva de Phillips, surge el cuestionamiento: **¿realmente ha sido así?**

El crecimiento continuo de la economía indicaría que la relación implica que el crecimiento del salario nominal esta asociado a un crecimiento económico, lo que naturalmente aleja la posibilidad de incrementar la desocupación.

En el segundo período, que se desarrolla desde mediados de la década del 70, se observa que la desocupación, principalmente en la década del 90, alcanzó niveles de casi el 21%, el más alto en la historia contemporánea, al tiempo que el comportamiento del salario mostraba un debilitamiento nunca antes producido, contexto que permite observar el fortalecimiento del estudio realizado por Phillips.

¿Cuáles han sido los principales motivos que se pueden observar en el comportamiento de la Curva de Phillips?

El costo social producido por la desocupación y el debilitamiento salarial en el mediano y largo plazo es quizás el punto crucial para demostrar la debilidad de los gobiernos con políticas que no lograron un desarrollo armónico y sustentable en el tiempo.

Referencia histórica de la Curva de Phillips

Alban William Phillips, profesor de la London School of Economics, publicó un extenso estudio sobre la conducta de los salarios monetarios en Inglaterra.[2]

Allí describía una relación inversa entre la tasa de desempleo y las tasas de crecimiento de salarios monetarios en ese país, representada por una curva de pendiente negativa, entre 1861 y 1957.

Este trabajo se convirtió en una pieza clave del análisis de la política macroeconómica.

Dentro de un perfil *relativamente estable* de la economía podía afirmarse que la variación del salario estaba asociada al crecimiento de la demanda de trabajo o reducción de la desocupación.

En general la Curva de Phillips generó una amplia aceptación en el mundo académico porque parecía reflejar bastante bien la realidad económica hasta mediados de la década del 60.

Cuando la demanda por trabajo es alta también lo es la tasa de crecimiento de los salarios, lo cual implica la disminución del desempleo; recíprocamente, cuanto más baja es la tasa de crecimiento de los salarios, más alta es la tasa de desempleo.

Parecería ser que los trabajadores son reacios a ofrecer sus servicios a un nivel salarial menor que el prevaleciente en el momento de medición y/o que los demandantes de trabajo están dispuestos a pagar un salario mayor ante una oferta amplia de mano de obra, lo cual implica la reducción de la desocupación.

---

[2]   Phillips, A.W., "The relation between unemployment and the ratio of change in money wages in the United Kingdom, 1861-1957" en *Economía*, vol. 25, 1958.

Diferentes estudios y definiciones, junto con el análisis de la influencia inflacionaria, dieron forma a la más afianzada crítica al estudio de Phillips, realizada por la escuela monetarista de Chicago en la década de los 70.

En años anteriores a la Primera Guerra Mundial, 1890-1913, se muestra una relación inversa entre el desempleo y la tasa de crecimiento de los salarios.[3]

En 1960 la relación inversa presentada entre variación de salarios y desempleo en la Curva de Phillips proviene de un estudio que Paul Samuelson y Robert Solow realizaron en los Estados Unidos, basándose en datos de 1900 a 1960, salvo en el período de elevadísimo desempleo entre 1931 y 1939, con un comportamiento de afianzamiento posterior de la curva entre 1948 y 1969.

Extendiendo el análisis hasta 1991 y con la incidencia de los nuevos parámetros en la economía internacional existe una débil relación negativa entre las dos variables consideradas, pero al sustituir la tasa de crecimiento de los salarios por la de los precios o la de un agregado monetario M1 (base monetaria, depósitos en caja de ahorro) la pendiente de la curva tiene signo positivo.[4]

En el período analizado no se debe descartar el nuevo ciclo económico desatado en la década del 70, afianzado en la siguiente, por el denominado Consenso de Washington

En dichos lapsos y hasta comienzos de la década del 70 existía una relación negativa estable entre los salarios monetarios y el desempleo en Estados Unidos

Por otra parte, a comienzos de la década del 60, Richard Lipsey presentó un análisis estadístico que documentó la

---

[3]   Fischer, Irving, "I discovered the Phillips Curve", en *International Labor Review de Ginebra*, Estados Unidos, 1973.
[4]   Grillo V. y Barro R., *Macroeconomía. Teoría y Política*, McGraw-Hill, 1997.

existencia de una relación inversa significativa entre la tasa de desempleo y la de crecimiento de los salarios nominales.[5]

Con referencia a los precios se parte del supuesto de que los mismos se fijan agregando un porcentaje a los costos unitarios laborales, o sea, aumentan porcentualmente por unidad de tiempo si la variación de los salarios monetarios por unidad de tiempo es mayor que la tasa de aumento de productividad de la mano de obra.

Pero esta relación al mismo tiempo se rige por las distintas alternativas para políticas que regulen la estabilidad de precios y niveles de ocupación laboral.[6]

En la última década del siglo pasado se han realizado estudios en el Reino Unido comprobando que entre 1947 y 1990 la relación entre las variaciones de salarios y el desempleo era significativamente positiva, posición compatible con el nuevo ciclo económico.

En comparación con este período, en los últimos años de la década de los 90, se ha observado un aumento de la tasa media de variación de salarios sin que apenas haya variado la tasa media de desempleo.[7]

La relación en la década del 70 comenzó a romperse, tanto en los EEUU como en la mayoría de los países de la Organización para la Cooperación del Desarrollo Económico (OCDE): hubo elevados porcentajes de aumentos de salarios nominales paralelos a las subas del desempleo.

Al mismo tiempo, reaparece la relación entre tasa de desempleo y la variación de la tasa de inflación.

---

[5]   Brodersohn, Mario, La Curva de Phillips y el conflicto entre el empleo la estabilidad de precios en la economía argentina, 1964-1974, Buenos Aires, 1975.
[6]   Samuelson y Solow, "Analytical Aspects of Anti-Inflationary Policy", *American Economic Review*, mayo 1960.
[7]   *Op. cit.* supra, nota 4.

Franco Modigliani y Ezio Tarantelli también realizaron estudios referentes al tema, ocupándose de Italia entre 1952 y 1968, con el argumento de una posible explicación de la debilidad de la curva en el largo plazo.

El vínculo entre la inflación y el desempleo no es estable a lo largo de distintas etapas del desarrollo económico, como consecuencia de las variaciones en la composición de la población activa.

Por otra parte, Roger Kormendi y Phillips Meguire han realizado un análisis estadístico de la evolución del crecimiento de 46 países en el período posterior a la Segunda Guerra Mundial. Una de las conclusiones fue que los aumentos de las tasas de inflación iban acompañados de una reducción de las tasas medias de crecimiento de la producción real, lo cual conduce a pensar que un aumento en el nivel de precios da lugar a una reducción del nivel de producción; de ello se pueden deducir indicadores de una Curva de Phillips con pendiente positiva. Una posibilidad de respuesta, aunque limitada, a este resultado es que los costos de transacción asociados a una mayor inflación reduzcan el incentivo del individuo a participar en el mercado.[8]

La inflación se presentó como parte integral del análisis de la Curva, tanto por la escuela monetarista como la keynesiana.

Esta última resaltaba que el crecimiento del empleo en los procesos de crecimiento económico era implícitamente necesario, en tanto que el aumento de precios se presentaba como algo natural a ese esquema. Se planteaba que Phillips había encontrado una respuesta en la variación de precios/salarios, crecimiento y disminución de la desocupación.

Así, no sólo se establece una relación funcional entre la tasa de cambio de salarios monetarios y el nivel de

---

[8]   *Op. cit.* supra, nota 5.

desempleo, sino que al mismo tiempo la inclusión de la variable precios permite concluir que es posible elegir aquella combinación entre desocupación y tasa de inflación que la comunidad considere estable.

En general, de acuerdo a las distintas situaciones percibidas en el comportamiento de la Curva de Phillips en el contexto internacional en cada período, desde comienzos de la década del 70 se puede observar la ausencia de una relación estable entre la tasa de desempleo y el crecimiento de los salarios nominales

La asociación de los salarios con la inflación, con M1 (base monetaria, depósitos en caja de ahorro) relativamente con M2 (depósitos a plazo fijo), suscitada en distintas situaciones y variados contextos hace que las variables nominales y las reales no estén relacionadas en el largo plazo.[9]

Desde 1970 en la Argentina ha habido cambios bruscos en la tasa de inflación de los salarios y la tasa de desempleo –a niveles realmente sorprendentes en la década del 90– con un retroceso permanente del salario en términos reales. Situación esta que ha influenciado la tendencia entre 1946 y 2004 a que una baja en el salario nominal fuera acompañada por altos índices de desocupación.

La variedad de versiones que han tratado de justificar y/o tergiversar el resultado del estudio del economista neocelandés han sido muchas, pero las más importantes son las que se concentran en el accionar de la economía vía la política monetarista.

Los avances teóricos y experiencias empíricas sobre la Curva de Phillips han sido importantes para fundamentar posiciones contrapuestas en torno a su definición original. Sostener que el crecimiento del nivel general de precios depende principalmente del aumento que experimenten

---

[9]   *Op. cit.* supra, nota 4.

los salarios ha sido el bastión de los seguidores de la política neoliberal.

Dado que los aumentos de precios están asociados con las variaciones en los salarios monetarios era lógico suponer que esa relación fuera trasladada a la Curva de Phillips, haciendo posible observar la paradoja de su comportamiento en los periodos mencionados.

La versión de la escuela de Chicago

La escuela de Chicago ha planteado que la Curva de Phillips sirve para establecer la relación entre inflación y desempleo, y que resulta evidente que la curva no es estable en el tiempo ya que a cada porcentaje de "paro económico" pueden corresponderle distintas tasas de inflación del salario.

Uno de los pilares básicos de esta escuela es la hipótesis de que el crecimiento de los salarios no depende sólo de las diferencias entre oferta y demanda en el mercado de trabajo, sino también de las expectativas de los trabajadores respecto a la inflación futura, las cuales pueden variar en el tiempo.

La genuina curva es una mera relación empírica, basada en diferentes etapas de la economía internacional, pero sin soporte teórico claro. Adopta la forma de una curva con pendiente negativa que relaciona la tasa de crecimiento de los salarios monetarios con el nivel de desempleo, lo cual implica que las autoridades económicas poseen alternativas en el accionar a largo plazo.

Según este análisis, se tendría la posibilidad de elegir en cualquier momento una combinación de desempleo elevado y precios estables o viceversa, una tasa de actividad más amplia y por lo tanto reducido desempleo, con una indefectible mayor variación alcista de precios.

Estos dos planteos no están alejados de la concepción que la Argentina ha alcanzado antes y después de comienzos de la década del 90. Pero con modificaciones de comportamiento en lo referente a precios estables, los cuales nunca fueron observados en el largo plazo.

Es evidente que el precio que se paga por estas combinaciones es socialmente inaceptable. Se podría afirmar que la población, ante este planteo, preferiría vivir con una inflación regulada y real de acuerdo a los desequilibrios de los precios relativos internos y su conformación con los del exterior, a fin de mantener un nivel aceptable de ocupación.

Es importante destacar que en reiteradas oportunidades en nuestro país la relación de los precios internos con los del mercado externo ha sido parte integrante del razonamiento utilizado para explicar los valores ascendentes de la inflación.

Este mecanismo ha manifestado un continuo error en la medición de los procesos inflacionarios al no contemplar los parámetros que realmente son imprescindibles para medir las variaciones internas de precios, como por ejemplo el análisis real de costos de la producción tanto en el sector primario como el secundario, y por ende la verdadera relación de los precios relativos.

Milton Friedman y Edmund Phelps han argumentado la incompatibilidad de la Curva de Phillips sobre la base de que el volumen de desempleo es un fenómeno de corto plazo o momentáneo y que en el largo plazo existe más bien una tasa natural de desempleo determinada por todo un conjunto de variables que son independientes de las variaciones del salario.

En nuestro país, como en términos generales en las estructuras económicas de países en vías de desarrollo, esta observación no se ha podido constatar, debido principalmente a largos periodos de desigualdad con aplicación de las políticas sostenidas en este pensamiento.

De esta forma, si los salarios se ajustan plenamente al aumento de precios esperado, la relación entre tasa de inflación y nivel de desempleo será una línea recta vertical, de manera que un mismo nivel de desempleo es compatible con tasas de inflación diferentes.

Mercado de trabajo. Gráfico de situación.[10]

Partiendo de una situación inicial de equilibrio (A; w/p1 y L1) –o sea que los trabajadores anticipan con certeza que en el futuro no se modifica la tasa actual de inflación–, posición esta que no implica pleno empleo, sino sólo una tasa natural de desocupación, se presenta la siguiente hipótesis:

El gobierno impulsa un proceso de inversión.

---

[10]   *Op. cit.* supra, nota 5.

Los empresarios, a fin de satisfacer el aumento en la demanda de bienes están dispuestos a aumentar los salarios monetarios, para atraer más obreros.

(Aumenta la demanda de TR L1 a L2.)

Este aumento permite a los trabajadores (al conocer la tasa de inflación esperada) suponer que aumenta el salario real (pto B L1A a L2B), por lo que aumenta la oferta de trabajo (S1 a S2).

En consecuencia la caída en la desocupación ha sido posible en el corto plazo.

Estableciendo la relación directa con la variación de precios, el sector empresarial hace posible este aumento de mano de obra en un mercado competitivo, sólo si los precios aumentaran a un ritmo superior al esperado por los trabajadores en los salarios, o sea una disminución de los salarios reales.

La oferta de trabajo aumenta ya que los trabajadores suponen ex ante que el aumento de salario monetario implica un aumento del salario real, mientras que la situación real ex post muestra condiciones de debilitamiento del mismo.

"En realidad, la baja simultanea del salario real ex post para los empresarios y el aumento ex ante del salario real para los trabajadores es lo que posibilita el aumento en el empleo."[11]

En estas circunstancias si bien se había logrado reducir la desocupación mediante el desplazamiento a la derecha de la curva de oferta de trabajo por medio de las expectativas inflacionarias, la situación *ex post* implica volver a los porcentajes originales de desempleo, ya que los trabajadores aprecian que en realidad el salario real ha diminuido y comienzan a realizar nuevos pedidos de aumento del

---

[11]   Friedman, M., "The Role of Monetary Policy", en *American Economic Review*, 1968.

salario monetario, con la reducción de la oferta de trabajo, volviendo la curva a su posición original (L2 a L1).

Comportamiento de la Curva de Phillips

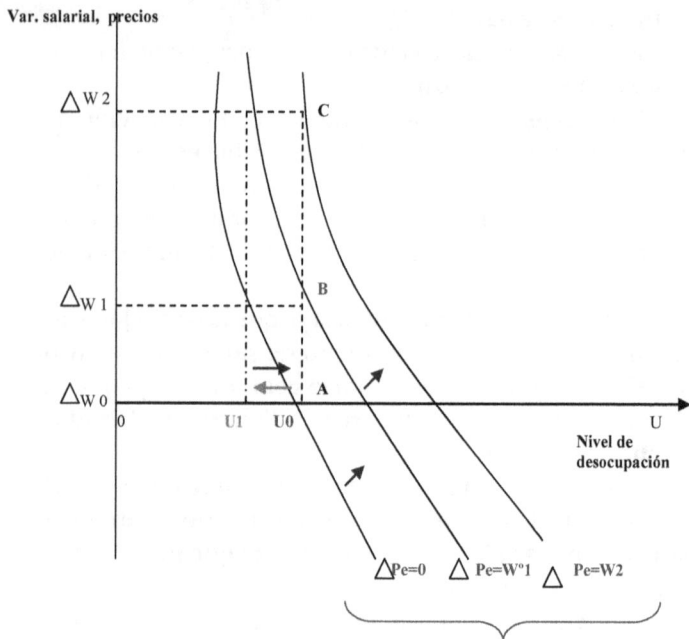

Partiendo de una situación de equilibrio que la tasa de inflación esperada es constante y el nivel de desocupación está equilibrado, tasa natural (0 – Uo) (pto A Var Wo; Var.Uo, Pe = 0%). Se pretende bajar la desocupación a U1. Ante la iniciativa de aumento de la inversión para bajar la desocupación, sin variaciones en la productividad, se produce la suba de los salarios monetarios (Var. W1), lo cual implica la suba de precios, (pto B, Var. Pe = Var. W1).

Esto, al mismo tiempo, según Friedman, al establecer una relación con el aumento de precios como un elemento de incidencia directa con la variación salarial, implica una disminución del salario real, hasta alcanzar el punto "C" (Var. pe = Var. W2) donde la desocupación que se había alcanzado en el corto plazo situada en "U1" vuelve a su posición original "Uo".[12]

Los desplazamientos hacia arriba de las curvas mostradas de corto plazo tienden a determinar una Curva de Phillips de largo plazo. La cual va adquiriendo una posición vertical que en el tiempo muestra que la relación entre variación de tasa de salarios y desocupación desaparece, ya que la tasa natural de desocupación es independiente de la variación porcentual en los salarios monetarios.

Otro argumento básico se manifiesta en que un continuo mal manejo de la política monetaria es la causa original del aumento de precios, lo que a su vez –al impulsar expectativas y trasladarse en su totalidad a aumentos salariales– acelera el proceso inflacionario a través del efecto combinado del exceso de demanda, con su accionar en alza sobre los precios futuros.

Según Friedman una política basada en el exceso de demanda es el motor principal que si bien en el corto plazo puede reducir la desocupación, por debajo del nivel de equilibrio, al ser posteriormente anticipada (por las expectativas) lleva nuevamente a la economía a su posición natural de equilibrio, con desocupación.

"La creencia de que hay un círculo permanente es una versión sofisticada de la confusión existente entre alta y creciente tasa de inflación.

Una tasa creciente de inflación puede reducir el desempleo, una muy alta no lo hará."[13]

---

[12]   *Op. cit.* supra, nota 5.
[13]   *Op. cit.* supra, nota 11.

De acuerdo a esta definición, si una alta tasa de inflación no sirve para bajar el desempleo, tampoco es viable que un país opere con una tasa reducida de inflación y una alta tasa de desocupación en el mediano plazo.

En la Argentina, sobre todo en la última década del siglo XX, esta situación fue realidad y por ende contradijo la definición planteada por Friedman.

Para esta corriente de pensamiento una de las opciones que enfrenta el país es acelerar continuamente la tasa de inflación, si el objetivo es mantener la desocupación por debajo del nivel de equilibrio.

Si esto no es aceptado (ya que se pretende mantener la inflación a niveles bajos) para un nivel dado de ocupación se debe regular la demanda global expandiendo a una tasa constante la oferta monetaria, permitiendo ajustes graduales y pequeños en la tasa de interés y el tipo de cambio.

Si es necesario reducir la tasa de inflación, se deberá contraer la tasa de crecimiento de la demanda global, pagando por ello una tasa de desocupación más alta en el corto plazo. Pero una vez que se alcanza la tasa de inflación deseada el nivel de ocupación se revierte a su posición natural...

¿Realmente es así?

La capacidad de los oferentes y demandantes de mano de obra para predecir con certidumbre la tasa esperada de inflación es central para la interpretación de Friedman-Phelps respecto a la relación funcional de Phillips, porque permite poner de manifiesto que su intercambio operativo es inestable y desaparece en el largo plazo, pese a que sea posible en el corto plazo.

Por lo tanto, la Curva de Phillips para Friedman tiene una tendencia a ser vertical en el mediano plazo manteniéndose en cifras relativamente estables independientemente de la variación salarial.

En el largo plazo, si se quiere reducir esa tasa natural de desempleo sin pagar el precio de acelerar la tasa de inflación, se requiere actuar sobre variables reales como cambio tecnológico, estructura de inversión, etc., a fin de aumentar la productividad de la mano de obra. Esta versión rejuvenecida de la dicotomía clásica entre variables reales y monetarias vuelve a sugerir que corresponde a la política monetaria determinar el comportamiento del nivel de precios.

En realidad la definición de los andamiajes de valores que fundamentan los procesos inflacionarios están en la mayoría de las oportunidades alejados de esa simple concepción.

Más bien la conformación de los procesos inflacionarios depende de una mayor cantidad de elementos que hacen al accionar de las políticas implementadas en cada país generalmente alejadas, en sus resultados, de respuestas de la estructura teórica.

Una medición en la Argentina

Entre 1946 y mediados de la década del 70 la política macroeconómica en la Argentina solía basarse en el principio de elección de un nivel bajo de desempleo admitiendo cierto nivel de inflación. La perspectiva de cambio de precios justificaba un crecimiento de la producción, esperando una respuesta positiva del mercado a través de una mayor demanda ante el temor de una suba de su precio en el corto plazo.

Esto generaba a su vez una determinada acumulación de capital, pero no todo lo necesario como para aumentar la capacidad productiva, sino más bien para mantener el *status quo* del momento sin planteo alguno de procesos de proyección al largo plazo, ni renovación alguna de bienes de capital para permitir una baja del costo de producción.

La fuerte debilidad política e institucional permitía mantener parámetros de equilibrio en el mediano plazo, para luego llegar a límites donde los precios relativos de la economía se distorsionaban, y era necesario corregirlos mediante políticas de *shock* y nuevos planes de coyuntura.

Los salarios y el empleo también eran variables que se mantenían dentro de los parámetros prefijados en cada plan de ajuste.

Los cambios estructurales surgidos en la década del 70 han incorporado diferentes comportamientos donde la aplicación de instrumentos de política monetaria representan el eje central de cada plan a través del ajuste permanente de los salarios y la desocupación, juntamente con el rendimiento positivo de la tasa de interés y el control del tipo de cambio en función de la sub-valuación del mismo respecto a la moneda local.

Dentro de los cincuenta y ocho años analizados, 1946- 2004, se pueden distinguir claramente dos etapas que marcan cambios contradictorios en el desarrollo económico y en el contexto social.

En primera instancia es necesario observar el camino transitado entre 1946 y 1975, el cual es claramente diferente del asumido entre 1976 y 2004.

A partir de 1976 la aplicación de la nueva concepción económica neoliberal fue rigurosa, y se ha extendido por un tiempo prolongado y ha sido utilizada por la mayoría de países en desarrollo que han experimentado ese proceso.

Las regresiones realizadas utilizando como variable dependiente a los salarios nominales y como variable independiente la desocupación presentan resultados que permiten visualizar los ciclos anteriores y posteriores a la década del 70, sumando las diferentes políticas nacionales que han utilizado mecanismos de política fiscal, como así también esquemas monetaristas asimilables al pensamiento neoclásico. La influencia de las demás variables utilizadas en forma complementaria en cada regresión ha ayudado a entender el comportamiento contradictorio de la Curva de Phillips en la Argentina en tal período amplio de tiempo.

El primer cuestionamiento para la medición de políticas aplicadas en la Argentina se remite a resultados que escapan a cualquier parámetro de comparación sólido, debido fundamentalmente a la permanente y gran oscilación del comportamiento de las variables económicas.

Datos y metodología aplicada

Variables utilizadas:
$Y =$*Variaciones de salarios básicos de convenio de la industria y la construcción
personal no calificado
$X=$ *Variaciones del índice de desocupación en el Gran Buenos Aires
Siendo estas las básicas, el análisis se profundiza utilizando entre, 1946-2004 como en los parciales 1946-1975 y

1976-2004 una variable ficticia (que asigna un (1) al primer periodo y (0) al resto). El objetivo es distinguir estos períodos del resto con el fin de analizar si la relación entre la variable "Y" y la variable "X" fue distinta que la observada en el total de la serie. También se ha utilizado una variable ficticia en cada regresión con el fin de "separar" la distinta intensidad de los procesos inflacionarios destacando lo ocurrido en 1989-1990. Esto ha sido imprescindible para poder afirmar que la utilización de la misma es congruente con el objetivo buscado. La misma variable ha sido utilizada en el año 1975 al realizar la separación de etapas.

La concepción de la mencionada variable artificial, originalmente aplicadas por Lowell a inicios de los años 60, se destacaba para explicar la estacionalidad en las series de medición, lo cual permite establecer un patrón de comportamiento regular de una serie a lo largo de un período de tiempo.[14]

La deformación inflacionaria, y por ende la variación de los salarios nominales en los períodos tomados en el presente trabajo, como así también el crecimiento que tuvo el porcentual de desocupación, son por demás elocuentes para su utilización.

La aplicación del modelo de pronósticos causales sólo intenta analizar las características de la relación que existe entre diferentes propiedades en la evolución del salario nominal y su comportamiento según los valores adoptados por la desocupación (variable independiente).

Al mismo tiempo, a fin de la simplicidad analítica, se ha utilizado la relación lineal.

$$Yt = Bo + B1*Xt. + ut$$

Donde: Bo y B1 son parámetros que definen la posición e inclinación de la recta respectivamente.

---

[14]   Gujarati Damodar, *Econometría*, Mc Graw Hill, México, 2003.

Bo, ordenada al origen, nos indica el valor de Y cuando X es = a 0.

B1 nos indica cuánto aumenta Y por cada aumento de una unidad de X.

Ut, es una variable aleatoria que resume todas aquellas variables no observables que afectan a la variable "y" independientemente de la variable "x".

La obtención de estimaciones de estos coeficientes a partir de la muestra de observaciones sobre los salarios básicos y la desocupación se ha realizado por medio del método de mínimos cuadrados.

Se utilizarán para analizar la bondad de esta relación, entre otros, los siguientes indicadores:

Coeficiente de determinación: R2.

Es una medida de la bondad del ajuste para una ecuación de regresión.

El ajuste de la recta de regresión muestral a los datos.

Al existir desvíos entre los valores observados y los estimados se espera que los mismos sean lo más pequeños posibles.

Este coeficiente indica la proporción de la variación de Y (salarios nominales) que puede ser atribuida a las variaciones de X (desocupación).

Prueba F

Basada en la distribución F, la cual especifica la probabilidad de que la regresión sea significativa. La prueba F suministra la evidencia estadística necesaria para decir que existe una relación tangible entre la desocupación y la variación de los salarios.

Prueba "t"

Se aplica para determinar si cada una de las variables independientes tiene significancia.

Prueba de significancia de hipótesis.

La Hipótesis nula (Ho) que se testea es B1=0 y lo que se busca es rechazar esta Ho, de modo tal que si se la rechaza hay evidencia de que B1 ≠ 0. Si se confirma esta hipótesis, se comprueba que las variables poseen una relación significativa entre sí: al existir pendiente, hay relación.

*Regresión simple, mediante método de mínimos cuadrados clásicos.

Se ha considerado la variación anual del Producto Bruto Interno, como así también, como se ha mencionado, la identificación del cambio de política económica implementada en cada una de las etapas. La señalización de "1" en la primera, 1946-1975, identifica la etapa vinculada al desarrollo con alta utilización de variables asociadas a la política fiscal dentro de los parámetros internacionales de la "economía del bienestar", y "0" en la segunda, 1976-2004, a efectos de diferenciar claramente la tendencia de la conducción económica conformada.

En el análisis de la segunda etapa, 1976-2004, la señalización de "1" fue utilizada en los años 2003 y 2004 como referencia al cambio de lineamientos económicos manifestados desde 1976.

Al mismo tiempo, a efectos de diferenciar los resultados por la aplicación de las dos etapas distintivas de política económica, se ha utilizado el producto entre las variables identificadoras y la variación del PBI en cada etapa.

Es de destacar que todas las regresiones se han realizado de acuerdo a la variación porcentual de las variables en cada período.

Elementos puntuales

Con el fin de detallar la incorporación de los elementos econométricos utilizados después de la descripción general se detalla la relación de las variables a utilizar según el siguiente modelo:

Vsnt = cons + dest + pe + u t

Siendo t = 1946...2004

Vsnt = Variación de salarios nominales en el año t

Dest = Tasa de desempleo en el año t

pe = Variable ficticia que identifica la política económica aplicada en cada año t

    *"1" en los años 1946-1975 y

    *"0" en los años 1976-2004

    u t error aleatorio

La variable "pe" es utilizada en cada etapa según lo detallado en cada uno de los cuadros de resultados de las regresiones realizadas en cada periodo. Total 1946-2004, 1946-1975 y 1976-2004.

Las variables ficticias, según lo detallado anteriormente, serán aplicadas:

    *en el análisis del período 1946-2004 para los años hiperinflacionarios 1989-1990.

    *en el análisis del período 1946-1975 será utilizada en el año 1975.

    *en el análisis del período 1976-2004 será utilizada en los años 1989-1990.

Por su parte:

- La variación de PBI por año
- El resultado del producto de la variación % del PBI por "pe" por año
- La variación % de las importaciones por año
- La variación % del tipo de cambio por año

Tanto en el periodo general, 1946- 2004 como en los diferenciados 1946 – 1975 y 1976 – 2004, se ha contemplado y utilizado la variable Dummy en aquellos períodos de máxima desestabilización económica.

Son variables incorporadas en cada uno de los cuadros econométricos utilizados.

Desarrollo de Anexos

Los datos utilizados en las diferentes regresiones realizadas constan en el **Anexo 1** adjunto. Se aclara que de acuerdo a lo mencionado se observan cuadros que luego son trasladados al **Anexo II** para su realización.

En cada una de las mismas, y de acuerdo a cada período tomado en consideración, se han utilizado diversas variables independientes para observar su influencia sobre el índice del salario nominal, conjuntamente con el peso que permitiera a cada uno actuar en forma conjunta con la tasa de desocupación paulatinamente de acuerdo al desarrollo realizado.

Como se puede apreciar a lo largo del desarrollo econométrico, la incidencia de la política planteada entre 1976 y 2004 ha sido realmente importante para observar el comportamiento de la curva según la prueba original.

Por ese motivo y de acuerdo a la permanente desestabilización política observada en el primer periodo (46-75), y en contraposición a los resultados mencionados anteriormente (1976-2004), se ha desarrollado el **Anexo II**, donde por medio de un método rigurosamente econométrico, se ha podido observar el comportamiento de la curva según la unificación de los periodos de los denominados "gobiernos de tendencia política peronista" para de esa forma analizar el comportamiento de la misma.

Respecto al PBI*, su evolución se ha realizado sobre la base de datos provenientes del Ministerio de Economía a precios de 1993, en millones de pesos, con los empalmes correspondientes a los años 1950, Secretaría de Asuntos Económicos 1955 a precios de 1950, Banco Central a precios de 1960, 1970 y 1986.

La variación de salarios se ha elaborado sobre la base de los datos del INDEC "Índices de salarios de convenio de la industria y la construcción personal no calificado promedio general", enero 1976-diciembre 2004, reflejando la evolución de los salarios básicos de convenio colectivo de trabajo de acuerdo al informe del Ministerio de Trabajo según datos de la Dirección Nacional de Negociación Colectiva.

La mencionada serie es continuación de una anterior disponible desde 1945, referida sólo a salarios industriales básicos fijados por convenio en la Capital Federal, por ocho gremios considerados los más representativos, con las categorías de obrero oficial y obrero peón. Datos suministrados por el INDEC y otras fuentes, con el empalme de cada uno,[15] y empalmado con trabajo realizado por Mariana Gonzalez entre 1945-1975.[16]

De acuerdo con el índice anterior se ha considerado el salario nominal promedio de la industria y la construcción referente al año 2003, suministrado por la Dirección Nacional de Programación Macroeconómica, Secretaría de Política Económica, sobre la base de información del Sistema Integrado de Jubilaciones y Pensiones provisto por AFIP. El salario real de la clasificación del tipo de personal tomado ha sido calculado sobre la base del índice de precios al consumidor. El cálculo del índice de salario real se ha realizado según la base 1988=100.

El cálculo poblacional fue realizado según las cifras de los censos realizados entre 1944 y 2004, y la evolución de población según la tasa media de crecimiento entre las mediciones de población.

La PEA ha sido calculada según el porcentaje de la tasa de actividad y población total suministrada por el INDEC "Mercado de TR: principales indicadores del aglomerado Gran Bs. As.". La correspondiente a 1945-1973, suministrada

---

[15]   *Op. cit.* supra, nota 5.
[16]   XXIV Congreso de A. Latinoamericana de Sociología. A. Latina para un desarrollo alternativo. Perú, Noviembre de 2003.

por el INDEC "La cuestión ocupacional Argentina", página 82, tasa de crecimiento anual promedio.

El índice de población ocupada según información de prensa "Mercado de trabajo, principales indicadores del aglomerado Gran Bs. As., 1974-2003" y "Los salarios en Argentina. Una perspectiva de largo plazo" de Mariana L González.

La tasa de empleo corresponde al cálculo porcentual entre la población ocupada y la población económicamente activa. Los niveles de desocupación se han realizado por la diferencia entre PEA y población ocupada.

La tasa de desocupación es producto del cociente entre la población desocupada y la población económicamente activa (PEA). Los datos que hacen posible esta relación de cálculos han sido obtenidos de la información del INDEC 1974-2005, y Mariana González "Los salarios en Argentina. Una perspectiva de largo plazo".[17]

---

[17]   Ibid.

Regresiones

Se puede observar el comportamiento diferencial en el total del período y en cada una de las épocas señaladas de la Curva de Phillips en la Argentina.

Fue necesario profundizar su análisis con el agregado de diversas variables en cada uno de los períodos señalados para acrecentar la posibilidad de definiciones respecto al comportamiento de los salarios según las variaciones de la desocupación.

El camino tomado por las diferentes líneas de pensamiento económico se visualiza con nitidez en las etapas situadas antes y después del proceso militar de 1976.

Esto permite profundizar el análisis del accionar económico bajo instrumentos correspondientes a la aplicación de política fiscal o la identificada bajo el sesgo monetarista, principalmente en la segunda etapa.

Cada uno de los gobiernos ha marcado caminos de continuidad según cada una de las líneas de pensamiento mencionadas anteriormente. Ha mostrado, al mismo tiempo, debilidades en el cumplimiento de los objetivos manifestados al comienzo del mandato presidencial, para luego ser parte de una transformación que se traducía en sucesivos golpes militares que –lejos de corregir los motivos por los cuales argumentaban el quiebre institucional– mostraban un acatamiento estricto a los lineamientos económicos internacionales puestos en vigencia.

Estos lineamientos, en la mayoría de los casos, respondían a objetivos determinados por los sectores sociales que habían empujado las rupturas democráticas.

Si bien es cierto que tras el fracaso culminante del último golpe militar, tanto en lo económico como en lo político y social, los sucesivos gobiernos elegidos a través de la democracia gestaron fuertes andariveles de continuidad de la política introducida en 1976, con los sucesivos y continuos debilitamientos sociales, y por ende de la estructura economía. Algo que ha comenzado a transitar otros rumbos desde fines del 2001.

Las Pruebas

Si bien, la Curva de Phillips no representa una prueba del comportamiento de la variación del salario ante cambios en la desocupación, tampoco la afirmación de su debilidad que ha manifestado la escuela de Chicago ha demostrado una crítica fehaciente del supuesto comportamiento de su proyección en el largo plazo.

El período detallado a continuación es un fiel reflejo de un resultado consistente de la Curva en la economía argentina.

Período: 1946-2004

Primera Regresión *(ver resultados al final de este capítulo)*

Variable dependiente: índice de salario nominal.

Variación % del índice de salario nominal básico de convenio personal. No calificado. INDEC. Base 1988=100 Promedio Anual 1976-Diciembre 2004. INDEC. Desde 1945 a 1975 de acuerdo Al % de Var. De M González y "La Cuestión Ocupacional", M. González.

Variables independientes: tasa de desocupación.

Variación % de la población desocupada respecto a la población económicamente activa.

Tasa de desocupación. Porcentaje entre la p. desocupada y la PEA. 1974-2005 INDEC. 1964-1973 Desempleo. Ind. GBA. Abril de C /año. 1947-1963 Relación TR de M González y "La Cuestión Ocupacional", INDEC. Mayo de 2004 s/ 2º trimestre 2004.

Variable independiente ficticia, de acuerdo a los mayores porcentajes de inflación observados en 1989 y 1990, registrando 1 en 1989 y en 1990 y 0 en el resto de años.

En la medición del período tratado, los resultados confirman la sensibilidad que la variación de la desocupación mantiene sobre la modificación de los niveles de salarios nominales, con un signo igual al esperado.

Los coeficientes de determinación alcanzan valores que aseguran la bondad del ajuste, como así también ni la prueba F ni la "t" rechazan la hipótesis relacionada con estimadores significativamente distintos de cero.

El coeficiente de determinación ajustado R2, es significativo.

Al mismo tiempo se puede observar que el coeficiente de regresión del desempleo (X1) permite definir que una disminución (o aumento) del 1% en el desempleo implica una disminución (o aumento) en la variación de los salarios nominales, de un (-8.42) %.

La variación de los salarios nominales está relacionada con la variación de la tasa de desocupación.

De acuerdo con el signo observado, si la cantidad de desocupados crece, la variación en los salarios tiende hacia la baja. Un aumento de salarios nominales implica la disminución porcentual de la desocupación.

El resultado observado en el coeficiente de la hiperinflación según la aplicación de la variable ficticia es notoriamente significativo en todos los ejemplos desarrollados mostrando que la variación de los precios en forma extrema está positivamente relacionada con la variación de los salarios nominales.

Segunda Regresión *(ver resultados al final de este capítulo)*

Respetando las condiciones de medición detalladas anteriormente, en este caso se ha agregado una tercera variable que identificada en términos globales intenta captar las diferencias relacionadas con el tipo de política económica realizado en las etapas comprendidas entre 1946-1975 y 1976-2004.

La interpretación y clasificación de esta tercer variable se manifiesta en el primer periodo (1946-1975) con el numero "1" y para el segundo el número "0" 1976-2004.

La proporción de variación del salario nominal que puede atribuirse a la variación de la desocupación y a las variables ficticias es mayor (R2 = 0.948) al observado en la primera regresión.

Al igual que en la regresión anterior, la existencia de una relación estadísticamente distinta de cero, en forma significativa, entre la desocupación y el salario no es rechazada tal como consta en el test "t".

Se destaca también la significancia estadística de la variable ficticia relacionada con la diferenciación de política económica que se ha dado en cada etapa. Indicando que durante el período 1946-1975, donde pe = 1, a cada nivel de ascenso de salarios o tomado la variación de precios, la tasa de desocupación era más baja, con afianzamiento del estadístico "t".

El modelo observado a través de la Curva de Phillips se afianza en las mediciones hasta aquí desarrolladas.

El agregado diferencial de las dos corrientes políticas-macroeconómicas señaladas, 1946-1975 y 1976-2004, propone profundizar el análisis respecto a la influencia que han tenido sobre el salario las variaciones del PBI, utilizando, al igual que antes, las variables ficticias ya descriptas.

Tercera regresión *(ver resultados al final de este capítulo)*

En este ejemplo se ha incorporado como variable explicativa la variación porcentual del PBI, a fin de analizar su incidencia en las modificaciones del salario nominal.

Además de un R2 más que razonable, se observa que la relación entre la variación del salario nominal y la tasa de desocupación continúa siendo negativa a niveles relativamente iguales con la anterior.

En cuanto a la nueva variable, variación del PBI, su relación con la variación del salario nominal es de signo negativo y estadísticamente distinta de cero, su introducción no presenta variaciones significativas de la variable ficticia "pe"; pero se abre un panorama dicotómico respecto a las variaciones del PBI en el total de la etapa con influencias contradictorias respecto a un alto coeficiente acompañado de un menor valor del estadístico "t".

Cuarta regresión *(ver resultados al final de este capítulo)*

En este caso conjuntamente con las variables anteriores se ha sumado la interacción entre la política económica y la variación del PBI.

Se pretende profundizar los resultados obtenidos, con el agregado del Producto entre las políticas económicas (pe 1 y 0 en cada periodo) y la variación del PBI a fin de establecer la incidencia sobre las variaciones del nivel de salarios nominales.

Se observa que la bondad del ajuste sigue siendo importante en conjunto. Aunque es de destacar que el valor de Prueba F ha disminuido un 20% respecto al cálculo anterior y un 39% respecto al segundo.

El coeficiente negativo de la desocupación es nuevamente significativo, distinto de cero; lo mismo ocurre con la variación del PBI.

Con el agregado realizado, la separación de política económica (pe) fortalece la bondad del ajuste mostrando el fortalecimiento del estadístico "t", aunque su significancia como variable independiente se reduce notablemente. En forma distinta la variación de PBI muestra un coeficiente negativo alto.

El producto entre el PBI y la "política económica" aumenta el coeficiente y presenta una pendiente positiva, con una incidencia del producto (pe x Var. PBI) sobre los salarios, sin tener importancia significativa sobre el salario nominal, según el resultado del estadístico "t".

Es aquí donde se destaca que la diferente aplicación de políticas económicas ha tenido resultados muy contradictorios sobre el crecimiento del PBI y la evolución del salario.

Quinta regresión *(ver resultados al final de este capítulo)*

Con el fin de medir la importancia de variables relacionadas con el comercio internacional conjuntamente con la influencia que ha tenido la del tipo de cambio nominal como elemento de ajuste en la política económica interna –resultante de los lineamientos políticos conformados en cada etapa– se han considerado como variables independientes, sumadas a la tasa de desocupación y la variable Dummy, la variación porcentual de las importaciones y del tipo de cambio nominal

Se puede observar que si bien las variables originales no sufren grandes cambios en sus coeficientes, tanto la variación porcentual de las importaciones y del tipo de cambio no son significativas estadísticamente hablando, distintas de cero.

Sexta Regresión *(ver resultados al final de este capítulo)*

Tomando en consideración los resultados anteriores, se ha agregado el efecto del cambio en la política económica, entre 1946-1975 y 1976-2004.

Los resultados están en línea con los obtenidos anteriormente.

En ambos la tasa de desocupación muestra un coeficiente alto, manifestando un aumento significativo en la última regresión.

Las variaciones de las importaciones y del tipo de cambio nominal no evidencian influencia.

La "pe" mantiene valores semejantes a los resultados de la tercera regresión.

El análisis realizado hasta el momento permite visualizar la importancia que la desocupación tiene sobre las variaciones del salario nominal y la importancia observable de la diferenciación de la política económica con la variable ficticia "pe" la cual ha mostrado significado a través del estadístico "t". Esto indica, como se ha mencionado, que durante todo el período 1946-1975, donde "pe=1", y 1976-2004, con "pe= 0", a cada nivel en el cual el salario presentara aumento, la desocupación mostraba una tendencia a la baja.

Análisis de períodos 1946-2004

Si bien se considera que la política económica ha tomado dos caminos diferentes, surge el interrogante: **¿el comportamiento de la Curva de Phillips ha sido el mismo en cada uno de los períodos mencionados, o la influencia de los diferentes modelos económicos utilizados ha distorsionado el comportamiento de la misma?**

A tal fin es útil repetir los ejercicios de regresión separando los periodos entre 1946-1975 y 1976-2004.

Es necesario resaltar que en los dos períodos desarrollados a continuación la variable ficticia, respecto a la inflación, ha sido la que corresponde a 1975 en el primer período con un crecimiento que alcanza el 182,8%, y a 1989-1990, en el segundo periodo 1976-2004, cuya variación ha mostrado niveles extremos alcanzando el 3079,5 y 2314,0 % respectivamente.

Aplicación de políticas.
Breve resumen de posicionamientos

Además de lo mencionado anteriormente respecto a la variación de precios en los años de mayor significancia, 1975, 1989 y 1990, es necesario contemplar la modificación y continuación de la política económica utilizada en cada uno de los fluctuantes gobiernos posteriores a 1955.

Producto de sucesivos golpes militares donde la política económica se caracterizaba por la aplicación de lineamientos que en general respondían a las recetas de carácter neoclásico. En el primer período son elocuentes en la denominada Revolución Libertadora, y en el último año y medio del gobierno de Arturo Frondizi (1962-mediados 1963).

A pesar de que los gobiernos mencionados se identifican con políticas de tendencia neoliberal, los plazos han sido tan cortos que no afectan la categorización realizada en las regresiones del período contemplado entre 1946-1975, en el cual el cambio de los lineamientos económicos se muestran con el "1" desde 1946 hasta 1965, con el "0" desde 1966 hasta 1975.

Respecto al segundo período, 1976-2004, la política monetarista ha sido continua desde el golpe militar de 1976, salvo los primeros 18 meses del gobierno radical constitucional, donde se pueden observar intensiones modificatorias de política económica del gobierno precedente, con limitaciones debidas a la aplicación del denominado Plan Austral. El período mencionado ha sido incluido en el contexto general entre 1976-2004.

La identificación de la política económica con el número 0 es continua desde 1976 hasta 2001, destacando la fortaleza que el lineamiento mencionado ha tenido en el transcurso de la década del 90 hasta principios del nuevo siglo.

Como se ha mencionado entre 1976-2001, primaban las limitaciones del accionar del Estado en la economía – acorde con la obtención y permanencia de rendimientos financieros donde los niveles de la tasa de interés interna permitían resultados reales positivos– y niveles constantes del tipo de cambio en el transcurrir del tiempo.

Luego de devaluaciones con cambio de moneda realizadas como respuesta a la crisis económica, se destacaba el fortalecimiento del valor de la moneda nacional; ello permitía la entrada de capitales internacionales cortoplacistas y alejaba, de esa forma, los procesos de inversión de riesgo a largo plazo.

Las limitaciones del accionar del Tesoro Nacional implican la utilización e incremento del manejo de instrumentos provenientes del enfoque monetarista del balance de pagos, donde los desequilibrios de la cuenta corriente eran amortiguados vía la cuenta capital a través de endeudamientos consecutivos. El BCRA como agente de acción de la política monetaria tenía un papel relevante en el accionar económico.

De acuerdo a esas condiciones es útil analizar si la forma de la Curva de Phillips, con el agregado de diversas variables, es igual en las dos etapas.

Período: 1946-1975

En este lapso de tiempo se desarrollan las regresiones con los mismos caracteres asumidos en el análisis del período anterior.

Primera regresión *(ver resultados al final de este capítulo)*

En este caso, el coeficiente de la tasa de desocupación –aunque con signo negativo– no es significativamente distinto de cero, por lo que la Curva de Phillips sería prácticamente horizontal.

Segunda regresión *(ver resultados al final de este capítulo)*

Se puede observar que según los resultados del "estadístico t" la influencia se destaca en la alta inflación de 1975, pero con un coeficiente bajo. El resto de las variables, aunque con cambio de signo, no son representativas.

Tercera regresión *(ver resultados al final de este capítulo)*

Respecto al resultado obtenido en el periodo total, el agregado de la variación del PBI no muestra resultado significativo alguno, aunque mantiene el signo negativo con menor valor respecto al coeficiente y levemente superior en el "estadístico t".

Cuarta Regresión *(ver resultados al final de este capítulo)*

Otro tanto sucede agregando el producto de "pe" y variación PBI. No se observan modificaciones importantes que puedan ser base de argumentos contradictorios con el período entre 1946-2004.

Quinta regresión *(ver resultados al final de este capítulo)*

La incorporación de la variación de las importaciones y del tipo de cambio nominal no aporta elementos significativos.

Sexta regresión *(ver resultados al final de este capítulo)*

Si observamos los resultados al agregar la variación de las importaciones y del tipo de cambio nominal, conjuntamente con la política diferencial en cada etapa, los resultados tampoco mejoran.

En todos los casos, según el desarrollo realizado, no es posible testear una pendiente negativa ni positiva de la Curva de Phillips.

¿Es posible, entonces, afirmar sus limitaciones analíticas?

O al mismo tiempo, según sus condiciones de dependencia de los marcos de políticas económicas internas, ¿es posible su utilización para analizar más profundamente las dicotomías de las variables que han sido empleadas?

Antes de responder los cuestionamientos sobre el comportamiento de la curva es necesario desarrollar el mismo ejercicio con las mismas variables en el período caracterizado por la aplicación de instrumentos básicos del esquema neoliberal, con un cambio sustancial en la política económica.

Es importante resaltar que la identificación de la nueva dirección económica se ha considerado entre 1976 y 2001 a través de una variable pe=0, como fue mencionado anteriormente.

Entre 2002 y 2004 inclusive, a raíz del profundo viraje en la conducción económica producido en el país, se ha contemplado el "1" en la política económica (pe), la cual tiene una tendencia que no es igual a la que regía desde 1946 hasta 1975, pero tiene mayor similitud con los principios básicos de desarrollo interno y protección de cambios internacionales. Totalmente diferente a la política contemplada y ejecutada entre 1976-2001.

El año 2002 representa un período de turbulencia política, y por ende económico, surgido por el fracaso del Plan de Convertibilidad, mostrando una crisis política de niveles que han sido superiores a los alcanzados en el transcurso del siglo XX.

Período: 1976-2004

Primera Regresión *(ver resultados al final de este capítulo)*

Continuando con el segundo período estudiado 1976-2004, según el análisis de variables utilizadas, se puede observar cambios importantes en la pendiente de la Curva.

Es necesario observar los resultados para su comparación con los del período completo en cada una de las muestras.

En este caso, a diferencia del anterior, el coeficiente correspondiente a la tasa de desocupación es, en sentido estadístico, distinto de cero, y negativo con una importante influencia como variable independiente. La variable ficticia presenta valores de la misma tendencia que los desarrollos realizados hasta el momento.

La bondad del (R^2) ajustado es superior al de casos anteriores.

Segunda regresión *(ver resultados al final de este capítulo)*

Tanto el R^2 ajustado como la prueba F mantienen el comportamiento mencionado anteriormente; el coeficiente correspondiente a la tasa de desocupación, también.

La clasificación de la política económica no presenta resultados significativos como el observado en el análisis general.

Es importante observar que los resultados en la tasa de desocupación son más elocuentes que los obtenidos en el periodo completo.

El cambio realizado en el 2003-2004 respecto al total del período no es el motivador de este resultado.

Tercera regresión *(ver resultados al final de este capítulo)*

El agregado de la variación del PBI presenta resultados parecidos a la tercera regresión del periodo completo, mostrando que la variación del PBI tiene influencia en la variación del salario nominal, aunque con un débil resultado de "t".

La variación del signo en la política económica (pe) sigue siendo débil y descartable para el análisis, en este caso.

Cuarta regresión *(ver resultados al final de este capítulo)*

En esta regresión, con el agregado del producto de la política económica y la variación porcentual del PBI, los resultados no muestran cambios importantes.

El producto de la política económica (pe) y el PBI, que muestran valores positivos y negativos en el análisis 1946-2004 y 1976-2004 respectivamente, no tienen incidencia como variables independientes según el estadístico "t" en ambos casos.

La tasa de desocupación muestra un aumento respecto a la regresión del periodo global.

Quinta regresión *(ver resultados al final de este capítulo)*

Sexta regresión *(ver resultados al final de este capítulo)*

Los cuadros 5 y 6, al igual que en el desarrollo completo del período, no presentan grandes cambios, resultando de escasa significación estadística las variables agregadas, manteniendo fuertes resultados en la tasa de desocupación, en el R2 y estadístico "t"

El resultado observado entre 1976 y 2004, (destacando el cambio producido entre 2003-2004), en comparación con el periodo anterior 1946-1975, permite observar que la Curva de Phillips presenta concordancia con su resultado original.

Paradójicamente, en este período se puede observar la pendiente negativa de la misma con valores destacados y una relación importante de las variaciones de las importaciones mucho más destacadas que las demás observadas.

El aumento consecutivo de la desocupación presentaba una notoria baja del salario.

Ante cifras importantes de oferta de trabajo la disminución de la desocupación produciría el aumento del salario.

En la tercera y cuarta regresión, la variación del PBI muestra resultados semejantes con la prueba realizada en el período completo y han sido influyentes en las variaciones del salario nominal, afianzando la pendiente de la curva.

La desarticulación del comportamiento de la "economía del bienestar" desde la década del 70, que caracteriza a este período, permite observar que los salarios nominales han tenido movimientos mínimos contrariamente a las variaciones del PBI que, así como ha aumentado, ha presentado variaciones negativas (sobre todo en los últimos años). Los salarios reales han sufrido un retraso significativo.

Las bajas de los salarios, acompañadas por las oscilaciones del PBI y el resto de variables, han sido el resultado de grandes bajas de la ocupación afianzando solidamente la pendiente negativa de la Curva de Phillips.

Resultados obtenidos

Resultados obtenidos: primera regresión 1946-2004

Resumen	
Estadísticas de la regresión	
Coeficiente de correlación múltiple	0,9628
Coeficiente de determinación R^2	0,9270
R^2 ajustado	**0,9244**
Error típico	1,2520
Observaciones	59,0000

1946-2004
x1 Tasa de Desocupación
x2 Hiper con 1 en 1989-1990

ANÁLISIS DE VARIANZA

	Grados de libertad	*Suma de cuadrados*	*Promedio de los cuadrados*	*F*	*Valor crítico de F*
Regresión	2,000	1114,735	557,368	**355,594**	0,000
Residuos	56,000	87,776	1,567		
Total	58,000	1202,511			

	Coeficientes	*Error típico*	*Estadístico t*	*Probabilidad*	*Inferior 95%*	*Superior 95%*	*Inferior 95,0%*	*Superior 95,0%*
Intercepción	1,431	0,309	4,639	0,000	0,813	2,049	0,813	2,049
Tasa de Desocupación	-8,419	3,378	-2,492	0,016	-15,185	-1,652	-15,185	-1,652
Hiper con 1 en 1989-1990	**23,988**	0,901	26,619	0,000	22,183	25,793	22,183	25,793

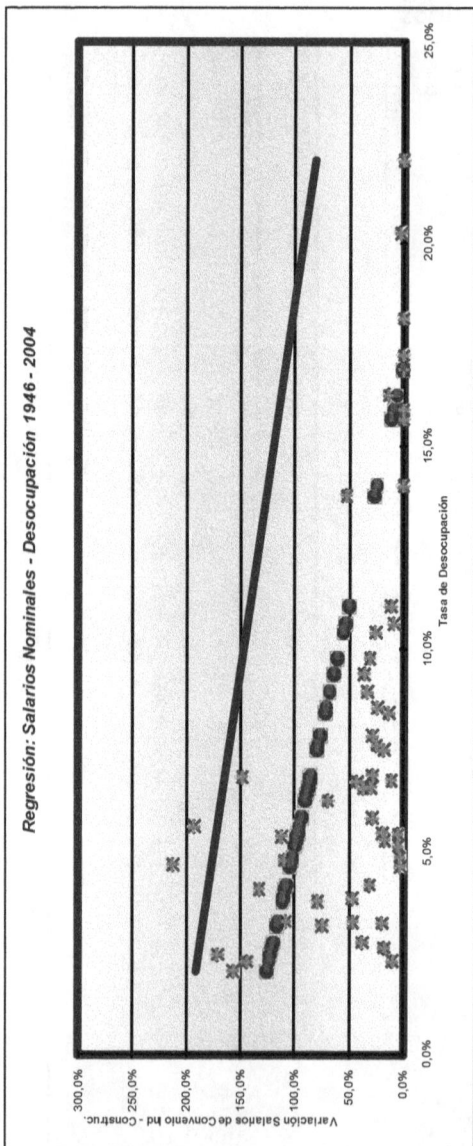

Regresión: Salarios Nominales - Desocupación 1946 - 2004

Resultados obtenidos: segunda regresión 1946-2004

Resumen

Estadísticas de la regresión

Coeficiente de correlación múltiple	0,9748
Coeficiente de determinación R^2	0,9502
R^2 ajustado	**0,9475**
Error típico	1,0431
Observaciones	59,0000

1946-2004

x1 Tasa de Desocupación
x2 Hiper con 1 en 1989-1990
x3 Pe 1 en 1946-1975 y 0 1976-2004

ANÁLISIS DE VARIANZA

	Grados de libertad	Suma de cuadrados	Promedio de los cuadrados	F	Valor crítico de F
Regresión	3,000	1142,669	380,890	**350,072**	0,000
Residuos	55,000	59,842	1,088		
Total	58,000	1202,511			

	Coeficientes	Error típico	Estadístico t	Probabilidad	Inferior 95%	Superior 95%	Inferior 95,0%	Superior 95,0%
Intercepción	2,702	0,359	7,524	0,000	1,983	3,422	1,983	3,422
Tasa de Desocupación	-14,504	3,060	-4,740	0,000	-20,636	-8,372	-20,636	-8,372
Hiper con 1 en 1989-1990	23,239	0,765	30,370	0,000	21,706	24,773	21,706	24,773
Pe 1 en 1946-1975 y 0 1976-2004	-1,524	0,301	-5,067	0,000	-2,127	-0,921	-2,127	-0,921

Resultados obtenidos: tercera regresión 1946-2004

Resumen

1946-2004
x1 Tasa de Desocupación
x2 Hiper con 1 en 1989-1990
x3 Pe 1 en 1946-1975 y 0 1976-2004
x4 Variac. PBI

Estadísticas de la regresión	
Coeficiente de correlación múltiple	0,976
Coeficiente de determinación R^2	0,953
R^2 ajustado	0,949
Error típico	1,027
Observaciones	59,000

ANÁLISIS DE VARIANZA

	Grados de libertad	Suma de cuadrados	Promedio de los cuadrados	F	Valor crítico de F
Regresión	4,000	1145,532	286,383	271,409	0,000
Residuos	54,000	56,979	1,055		
Total	58,000	1202,511			

	Coefic.	Error típico	Estadístico t	Probabilidad	Inferior 95%	Superior 95%	Inferior 95,0%	Superior 95,0%
Intercepción	2,839	0,363	7,814	0,000	2,111	3,568	2,111	3,568
Tasa de Desocupación	-14,971	3,027	-4,947	0,000	-21,039	-8,903	-21,039	-8,903
Hiper con 1 en 1989-1990	22,944	0,775	29,618	0,000	21,391	24,497	21,391	24,497
Pe 1 en 1946-1975 y 0 1976-2004	-1,461	0,299	-4,892	0,000	-2,060	-0,863	-2,060	-0,863
Variac. PBI	-4,510	2,738	-1,647	0,105	-10,000	0,980	-10,000	0,980

Resultados obtenidos: cuarta regresión 1946-2004

Resumen

Estadísticas de la regresión	
Coeficiente de correlación múltiple	0,98
Coeficiente de determinación R^2	0,95
R^2 ajustado	**0,95**
Error típico	1,03
Observaciones	59,00

1946-2004
x1 Tasa de Desocupación
x2 Hiper con 1 en 1989-1990
x3 PE 1946-1975 1 1976-2004 0
x4 Variación PBI
x5 Pe X Var PBI

ANÁLISIS DE VARIANZA

	Grados de libertad	Suma de cuadrados	Promedio de los cuadrados	F	Valor crítico de F
Regresión	5	1146,05	229,21	**215,15**	0,00
Residuos	53	56,46	1,07		
Total	58	1202,51			

	Coeficientes	Error típico	Estadístico t	Probabilidad	Inferior 95%	Superior 95%	Inferior 95,0%	Superior 95,0%
Intercepción	2,89	0,37	7,76	0,00	2,14	3,64	2,14	3,64
Tasa de Desocupación	**-15,17**	**3,05**	**-4,97**	0,00	-21,30	-9,04	-21,30	-9,04
Hiper con 1 en 1989-1990	**22,84**	**0,79**	**28,85**	0,00	21,25	24,43	21,25	24,43
PE 1946-1975 1 1976-2004 0	**-1,59**	**0,35**	**-4,50**	0,00	-2,30	-0,88	-2,30	-0,88
Variación PBI	**-6,04**	**3,52**	**-1,71**	0,09	-13,11	1,03	-13,11	1,03
Pe X Var PBI	**3,94**	**5,65**	**0,70**	0,49	-7,40	15,28	-7,40	15,28

Resultados obtenidos: quinta regresión 1946-2004

Resumen

Estadísticas de la regresión	
Coeficiente de correlación múltiple	0,9664
Coeficiente de determinación R^2	0,9340
R^2 ajustado	**0,9291**
Error típico	1,2126
Observaciones	59,0000

1946-2004

x1 Tasa de Desocupación
x2 Dummy 1 en 89-90
x3 Variac. % de M(a precios de 1993)
x4 Variac. % TC nominal

ANÁLISIS DE VARIANZA

	Grados de libertad	Suma de cuadrados	Promedio de los cuadrados	F	Valor crítico de F
Regresión	4,0000	1123,1138	280,7784	**190,9643**	0,0000
Residuos	54,0000	79,3972	1,4703		
Total	58,0000	1202,5110			

	Coeficientes	Error típico	Estadístico t	Probabilidad	Inferior 95%	Superior 95%	Inferior 95,0%	Superior 95,0%
Intercepción	1,4247	0,3129	4,5532	0,0000	0,7974	2,0520	0,7974	2,0520
Tasa de Desocupación	**-8,3596**	**3,2953**	**-2,5368**	0,0141	-14,9663	-1,7528	-14,9663	-1,7528
Dummy 1 en 89-90	**22,3454**	**1,2003**	**18,6164**	0,0000	19,9389	24,7518	19,9389	24,7518
Variac. % de M(a precios de 1993)	**-0,8140**	**0,5561**	**-1,4636**	0,1491	-1,9290	0,3010	-1,9290	0,3010
Variac. % TC nominal	**0,0671**	**0,0374**	**1,7944**	0,0783	-0,0079	0,1421	-0,0079	0,1421

Resultados obtenidos: sexta regresión 1946-2004

Resumen

Estadísticas de la regresión		1946-2004
Coeficiente de correlación múltiple	0,9767	x1 Tasa de Desocupación
Coeficiente de determinación R^2	0,9539	x2 Dummy 1 en 89-90
R^2 ajustado	**0,9496**	x3 Variac. % de M (a precios de 1993)
Error típico	1,0225	x4 Variac. % TC nominal
Observaciones	59,0000	x5 Pe 1946-75 1 y 1976-04 0

ANÁLISIS DE VARIANZA

	Grados de libertad	*Suma de cuadrados*	*Promedio de los cuadrados*	*F*	*Valor crítico de F*
Regresión	5,0000	1147,0971	229,4194	219,4254	0,0000
Residuos	53,0000	55,4140	1,0455		
Total	58,0000	1202,5110			

	Coeficientes	*Error típico*	*Estadístico t*	*Probabilidad*	*Inferior 95%*	*Superior 95%*	*Inferior 95,0%*	*Superior 95,0%*
Intercepción	2,7047	0,3756	7,2017	0,0000	1,9514	3,4579	1,9514	3,4579
Tasa de Desocupación	-14,4633	3,0572	-4,7310	0,0000	-20,5952	-8,3315	-20,5952	-8,3315
Dummy 1 en 89-90	22,4694	1,0125	22,1917	0,0000	20,4385	24,5002	20,4385	24,5002
Variac. % de M (a precios de 1993)	-0,8453	0,4690	-1,8022	0,0772	-1,7860	0,0955	-1,7860	0,0955
Variac. % TC nominal	0,0287	0,0325	0,8803	0,3826	-0,0366	0,0939	-0,0366	0,0939
Pe 1946-75 1 y 1976-04 0	-1,4575	0,3043	-4,7894	0,0000	-2,0679	-0,8471	-2,0679	-0,8471

Resultados obtenidos: primera regresión 1946-1975

Resumen

1946-1975

x1 Tasa de Desocupación
x2 Hiper con 1 en 1975

Estadísticas de la regresión

Coeficiente de correlación múltiple	0,837
Coeficiente de determinación R^2	0,700
R^2 ajustado	**0,678**
Error típico	0,178
Observaciones	30,000

ANÁLISIS DE VARIANZA

	Grados de libertad	Suma de cuadrados	Promedio de los cuadrados	F	Valor crítico de F
Regresión	2,000	1,991	0,996	**31,554**	0,000
Residuos	27,000	0,852	0,032		
Total	29,000	2,843			

	Coeficientes	Error típico	Estadístico t	Probabilidad	Inferior 95%	Superior 95%	Inferior 95,0%	Superior 95,0%
Intercepción	0,286	0,093	3,054	0,005	0,094	0,477	0,094	0,477
Tasa de Desocupación	-0,125	1,460	-0,086	0,932	-3,120	2,870	-3,120	2,870
Hiper con 1 en 1975	1,431	0,188	7,616	0,000	1,045	1,816	1,045	1,816

Resultados obtenidos: segunda regresión 1946-1975

Resumen									
					46-75				
					x1 Tasa de Desocupación				
					x2 Hiper 75=1				
					x3 Pe 46-65=1, 66-75=0				
Estadísticas de la regresión									
Coeficiente de correlación múltiple	0,842								
Coeficiente de determinación R^2	0,709								
R^2 ajustado	0,675								
Error típico	0,178								
Observaciones	30,000								

ANÁLISIS DE VARIANZA									
	Grados de libertad	Suma de cuadrados	Promedio de los cuadrados	F	Valor crítico de F				
Regresión	3,000	2,015	0,672	21,086	0,000				
Residuos	26,000	0,828	0,032						
Total	29,000	2,843							

	Coeficientes	Error típico	Estadístico t	Probabilidad	Inferior 95%	Superior 95%	Inferior 95,0%	Superior 95,0%
Intercepción	0,293	0,094	3,103	0,005	0,099	0,486	0,099	0,486
Tasa de Desocupación	0,570	1,673	0,341	0,736	-2,869	4,009	-2,869	4,009
Hiper 75=1	1,407	0,191	7,371	0,000	1,014	1,799	1,014	1,799
Pe 46-65=1, 66-75=0	-0,071	0,082	-0,863	0,396	-0,239	0,097	-0,239	0,097

Resultados obtenidos: tercera regresión 1946-1975

Resumen

1946-1975
x1 Tasa de Desocupación
x2 Hiper 1975=1
x3 Pe 46-65=1, 66-75=0
x4 Variac. PBI

Estadísticas de la regresión

Coeficiente de correlación múltiple	0,861
Coeficiente de determinación R^2	0,742
R^2 ajustado	0,701
Error típico	0,171
Observaciones	30,000

ANÁLISIS DE VARIANZA

	Grados de libertad	Suma de cuadrados	Promedio de los cuadrados	F	Valor crítico de F
Regresión	4,000	2,109	0,527	17,964	0,000
Residuos	25,000	0,734	0,029		
Total	29,000	2,843			

	Coeficientes	Error típico	Estadístico t	Probabilidad	Inferior 95%	Superior 95%	Inferior 95,0%	Superior 95,0%
Intercepción	0,348	0,096	3,637	0,001	0,151	0,545	0,151	0,545
Desocupación	0,549	1,606	0,342	0,736	-2,760	3,857	-2,760	3,857
x2 Hiper 1975=1	1,344	0,186	7,207	0,000	0,960	1,728	0,960	1,728
Pe 46-65=1, 66-75=0	-0,072	0,078	-0,912	0,371	-0,233	0,090	-0,233	0,090
Variac. PBI	-1,338	0,747	-1,792	0,085	-2,876	0,199	-2,876	0,199

Resultados obtenidos: cuarta regresión 1946-1975

Resumen

Estadísticas de la regresión

Coeficiente de correlación múltiple	0,868
Coeficiente de determinación R^2	0,753
R^2 ajustado	0,702
Error típico	0,171
Observaciones	30,000

1946-1975	
x1	Tasa de Desocupación
x2	Hiper 1975 =1
x3	Pe 46-65 =1, 66-75, 0
x4	Variac. PBI
x5	Pe X Variac PBI

ANÁLISIS DE VARIANZA

	Grados de libertad	Suma de cuadrados	Promedio de los cuadrados	F	Valor crítico de F
Regresión	5,000	2,141	0,428	14,632	0,000
Residuos	24,000	0,702	0,029		
Total	29,000	2,843			

	Coeficientes	Error típico	Estadístico t	Probabilidad	Inferior 95%	Superior 95%	Inferior 95,0%	Superior 95,0%
Intercepción	0,499	0,174	2,869	0,008	0,140	0,857	0,140	0,857
Tasa de Desocupación	-0,203	1,759	-0,115	0,909	-3,834	3,428	-3,834	3,428
Hiper 1975 =1	1,194	0,235	5,075	0,000	0,709	1,680	0,709	1,680
Pe 46-65 =1, 66-75, 0	-0,182	0,132	-1,378	0,181	-0,453	0,090	-0,453	0,090
Variac. PBI	-4,247	2,898	-1,466	0,156	-10,228	1,734	-10,228	1,734
Pe X Variac PBI	3,155	3,037	1,039	0,309	-3,113	9,422	-3,113	9,422

Resultados obtenidos: quinta regresión 1946-1975

Resumen

1946-1975

x1 Tasa de Desocupación
x2 Hiper 1975 =1
x3 Variac. % de M.
x4 Variac. % Tipo de Cambio Nominal

Estadísticas de la regresión

Coeficiente de correlación múltiple	0,863
Coeficiente de determinación R^2	0,745
R^2 ajustado	0,704
Error típico	0,170
Observaciones	30,000

ANÁLISIS DE VARIANZA

	Grados de libertad	Suma de cuadrados	Promedio de los cuadrados	F	Valor crítico de F
Regresión	4,000	2,118	0,529	18,238	0,000
Residuos	25,000	0,726	0,029		
Total	29,000	2,843			

	Coeficientes	Error típico	Estadístico t	Probabilidad	Inferior 95%	Superior 95%	Inferior 95,0%	Superior 95,0%
Intercepción	0,244	0,098	2,496	0,020	0,043	0,445	0,043	0,445
Tasa de Desocupación	-0,026	1,401	-0,018	0,985	-2,912	2,860	-2,912	2,860
Hiper 1975 =1	1,392	0,182	7,646	0,000	1,017	1,767	1,017	1,767
Variac. % de M.	-0,099	0,115	-0,862	0,397	-0,337	0,138	-0,337	0,138
Variac. % Tipo de Cambio Nominal	0,190	0,139	1,367	0,184	-0,096	0,476	-0,096	0,476

Resultados obtenidos: sexta regresión 1946-1975

Resumen						
					1946-1975	
Estadísticas de la regresión					x1 Tasa de Desocupación	
Coeficiente de correlación múltiple	0,865				x2 Híper 1975 =1	
Coeficiente de determinación R^2	0,749				x3 Variac. % de M.	
R^2 ajustado	0,696				x4 Variac. % Tipo de Cambio Nominal	
Error típico	0,173				x5 Pe 46-65 =1, 66-75, 0	
Observaciones	30,000					

ANÁLISIS DE VARIANZA						
	Grados de libertad	Suma de cuadrados	Promedio de los cuadrados	F	Valor crítico de F	
Regresión	5,000	2,129	0,426	14,292	0,000	
Residuos	24,000	0,715	0,030			
Total	29,000	2,843				

	Coeficientes	Error típico	Estadístico t	Probabilidad	Inferior 95%	Superior 95%	Inferior 95,0%	Superior 95,0%
Intercepción	0,250	0,099	2,511	0,019	0,044	0,455	0,044	0,455
Tasa de Desocupación	0,444	1,619	0,274	0,786	-2,898	3,786	-2,898	3,786
Híper 1975 =1	1,377	0,186	7,398	0,000	0,993	1,761	0,993	1,761
Variac. % de M.	-0,093	0,117	-0,795	0,435	-0,336	0,149	-0,336	0,149
Variac. % Tipo de Cambio Nominal	0,184	0,141	1,302	0,205	-0,108	0,475	-0,108	0,475
Pe 46-65 =1, 66-75, 0	-0,048	0,080	-0,603	0,552	-0,213	0,117	-0,213	0,117

Resultados obtenidos: primera regresión 1976-2004

Resumen

1976-2004

x1 **Tasa de Desocupación**
x2 **Hiper con 1 en 1989/90**

Estadísticas de la regresión

Coeficiente de correlación múltiple	0,975
Coeficiente de determinación R^2	0,950
R^2 ajustado	**0,946**
Error típico	1,451
Observaciones	29,000

ANÁLISIS DE VARIANZA

	Grados de libertad	Suma de cuadrados	Promedio de los cuadrados	F	Valor crítico de F
Regresión	2,000	1046,824	523,412	**248,445**	0,000
Residuos	26,000	54,775	2,107		
Total	28,000	1101,599			

	Coeficientes	Error típico	Estadístico t	Probabilidad	Inferior 95%	Superior 95%	Inferior 95,0%	Superior 95,0%
Intercepción	2,879	0,527	5,467	0,000	1,796	3,961	1,796	3,961
Desocupación	**-16,315**	**4,585**	**-3,558**	0,001	-25,740	-6,889	-25,740	-6,889
Hiper con 1 en 1989-1990	23,219	1,065	21,802	0,000	21,030	25,408	21,030	25,408

Resultados obtenidos: segunda regresión 1976-2004

Resumen						
	1976-2004					
Estadísticas de la regresión						
Coeficiente de correlación múltiple	0,975		x1 Tasa de Desocupación			
Coeficiente de determinación R^2	0,950		x2 Hiper con 1 en 1989/90			
R^2 ajustado	0,944		x3 Pe 2003,04 =1 Resto =0			
Error típico	1,480					
Observaciones	29,000					

ANÁLISIS DE VARIANZA						
	Grados de libertad	*Suma de cuadrados*	*Promedio de los cuadrados*	*F*	*Valor crítico de F*	
Regresión	3,000	1046,845	348,948	159,325	0,000	
Residuos	25,000	54,754	2,190			
Total	28,000	1101,599				

	Coeficiente	*Error típico*	*Estadístico*	*Probabilida*	*Inferior 95%*	*Superior 95%*	*Inferior 95,0%*	*Superior 95,0%*
	s		*t*	*d*				
Intercepción	2,875	0,538	5,346	0,000	1,768	3,983	1,768	3,983
Tasa de Desocupación	-16,198	4,823	-3,358	0,003	-26,131	-6,265	-26,131	-6,265
Hiper con 1 en 1989/90	23,212	1,088	21,333	0,000	20,971	25,453	20,971	25,453
Pe 2003,04 =1 Resto =0	-0,111	1,122	-0,099	0,922	-2,421	2,200	-2,421	2,200

Resultados obtenidos: tercera regresión 1976-2004

Resumen

Estadísticas de la regresión — 1976-2004

Coeficiente de correlación múltiple	0,977
Coeficiente de determinación R^2	0,954
R^2 ajustado	0,946
Error típico	1,457
Observaciones	29,000

x1 Tasa de Desocupacion
x2 Hiper con 1 en 1989/90
x3 Pe 2003,04 =1 Resto =0
x4 Variacion % del PBI

ANÁLISIS DE VARIANZA

	Grados de libertad	Suma de cuadrados	Promedio de los cuadrados	F	Valor crítico de F
Regresión	4,000	1050,669	262,667	123,777	0,000
Residuos	24,000	50,930	2,122		
Total	28,000	1101,599			

	Coeficientes	Error típico	Estadístico t	Probabilidad	Inferior 95%	Superior 95%	Inferior 95,0%	Superior 95,0%
Intercepción	3,135	0,564	5,562	0,000	1,972	4,298	1,972	4,298
Tasa de Desocupacion	-17,829	4,901	-3,638	0,001	-27,943	-7,715	-27,943	-7,715
Hiper con 1 en 1989/90	22,772	1,120	20,331	0,000	20,460	25,084	20,460	25,084
Pe 2003,04 =1 Resto =0	0,524	1,201	0,436	0,666	-1,955	3,004	-1,955	3,004
Variacion % del PBI	-7,272	5,417	-1,342	0,192	-18,452	3,909	-18,452	3,909

Resultados obtenidos: cuarta regresión 1976-2004

Resumen						
Estadísticas de la regresión			1976-2004			
Coeficiente de correlación múltiple	0,977		x1 Tasa de Desocupación			
Coeficiente de determinación R^2	0,954		x2 Hiper con 1 en 1989/90			
R^2 ajustado	0,944		x3 Pe 2003,04 =1 Resto =0			
Error típico	1,488		x4 Variación % del PBI			
Observaciones	29,000		x5 Pe x Variación % del PBI			

ANÁLISIS DE VARIANZA						
	Grados de libertad	Suma de cuadrados	Promedio de los cuadrados	F	Valor crítico de F	
Regresión	5,000	1050,670	210,134	94,897	0,000	
Residuos	23,000	50,930	2,214			
Total	28,000	1101,599				

	Coeficientes	Error típico	Estadístico t	Probabilidad	Inferior 95%	Superior 95%	Inferior 95,0%	Superior 95,0%
Intercepción	3,135	0,576	5,440	0,000	1,943	4,328	1,943	4,328
Tasa de Desocupación	-17,834	5,014	-3,557	0,002	-28,207	-7,461	-28,207	-7,461
Hiper con 1 en 1989/90	22,772	1,144	19,903	0,000	20,405	25,139	20,405	25,139
Pe 2003,04 =1 Resto =0	2,277	97,597	0,023	0,982	-199,619	204,173	-199,619	204,173
Variación % del PBI	-7,273	5,534	-1,314	0,202	-18,720	4,175	-18,720	4,175
Pe x Variación % del PBI	-19,616	1092,215	-0,018	0,986	-2279,035	2239,803	-2279,035	2239,803

Resultados obtenidos: quinta regresión 1976-2004

Resumen

1976-2004

x1 Tasa de Desocupación
x2 Dummy 1 en 89-90
x3 Variac. % de M
x4 Variac.% tipo de cambio nominal

Estadísticas de la regresión

Coeficiente de correlación múltiple	0,978
Coeficiente de determinación R^2	0,957
R^2 ajustado	0,950
Error típico	1,400
Observaciones	29,000

ANÁLISIS DE VARIANZA

	Grados de libertad	Suma de cuadrados	Promedio de los cuadrados	F	Valor crítico de F
Regresión	4,000	1054,551	263,638	134,487	0,000
Residuos	24,000	47,048	1,960		
Total	28,000	1101,599			

	Coeficientes	Error típico	Estadístico t	Probabilidad	Inferior 95%	Superior 95%	Inferior 95,0%	Superior 95,0%
Intercepción	3,048	0,555	5,497	0,000	1,904	4,193	1,904	4,193
Tasa de Desocupación	-17,131	4,558	-3,758	0,001	-26,538	-7,723	-26,538	-7,723
Dummy 1 en 89-90	22,392	1,391	16,094	0,000	19,520	25,263	19,520	25,263
Variac. % de M	-1,817	0,967	-1,880	0,072	-3,812	0,178	-3,812	0,178
Variac. % tipo de cambio nominal	0,022	0,045	0,486	0,631	-0,071	0,114	-0,071	0,114

Resultados obtenidos: sexta regresión 1976-2004

Resumen		1976-2004
Estadísticas de la regresión		x1 Tasa de Desocupación
Coeficiente de correlación múltiple	0,979	x2 Dummy 1 en 89-90
Coeficiente de determinación R^2	0,958	x3 Variac. % de M
R^2 ajustado	0,949	x4 Variac. % tipo de cambio nominal
Error típico	1,418	x5 Pe 2003,04 =1 Resto =0
Observaciones	29,000	

ANÁLISIS DE VARIANZA

	Grados de libertad	Suma de cuadrados	Promedio de los cuadrados	F	Valor crítico de F
Regresión	5,000	1055,324	211,065	104,905	0,000
Residuos	23,000	46,275	2,012		
Total	28,000	1101,599			

	Coeficientes	Error típico	Estadístico t	Probabilidad	Inferior 95%	Superior 95%	Inferior 95,0%	Superior 95,0%
Intercepción	3,106	0,569	5,454	0,000	1,928	4,284	1,928	4,284
Tasa de Desocupación	-18,068	4,859	-3,718	0,001	-28,120	-8,016	-28,120	-8,016
Dummy 1 en 89-90	22,408	1,410	15,895	0,000	19,492	25,325	19,492	25,325
Variac.% de M	-2,057	1,053	-1,954	0,063	-4,235	0,121	-4,235	0,121
Variac. % tipo de cambio nominal	0,021	0,045	0,456	0,652	-0,073	0,115	-0,073	0,115
Pe 2003,04 =1 Resto =0	0,716	1,156	0,620	0,542	-1,676	3,108	-1,676	3,108

Comportamientos y consideraciones

Comportamientos generales en los dos ciclos. 1946-1975 / 1976-2004

El análisis del período completo 1946-2004, pareciera confirmar que la Curva de Phillips tiene un asidero real.

Desde la primera y simple regresión basada en la prueba original de su creador, los resultados del período analizado son lo suficientemente fuertes para asegurar que la curva puede ser utilizada como medición comparativa de variables como la desocupación y salario nominal. Las variaciones en la tasa de desocupación están relacionadas con las variaciones en los salarios nominales, de forma tal que mayores tasas de desocupación generan menor variación en los salarios nominales hacia la baja. Como así también se observa que en la medida que la tasa de desocupación se reduce, los salarios muestran una tendencia a la suba. Con una mayor demanda de trabajadores se produce un mayor crecimiento del nivel de salarios.

El nivel de salarios a los cuales el trabajador está dispuesto a ofrecer su fuerza de trabajo tiene límites mínimos, por debajo de los cuales no acepta realizar las tareas habituales que demanda su desempeño. Algo contradictorio con la teoría económica tradicional, que sostiene que una mayor oferta de trabajo indefectiblemente implica una baja en el nivel de salarios ofrecidos para ocupar los puestos, hasta el momento vacíos.

En ciclos de crisis de mediano y largo plazo del sistema económico-social (donde el poder sindical no presenta el poder que lo caracteriza en momentos de auge del desarrollo), es factible que en niveles sociales extremadamente bajos, con una gran oferta de trabajo, las limitaciones de cada trabajador para obtener puestos ofrecidos se reflejen por decisión personal basada en primer lugar en el descarte de la posibilidad de ocupar el puesto ofrecido, conjuntamente con las limitaciones económicas que representa el movimiento permanente para la presentación continua en los puestos ofrecidos.

Con la diversidad de variables utilizadas en las regresiones mostradas se pueden observar diferentes comportamientos en las mismas.

Observando la cuarta regresión del periodo completo (1946-2004), es notoria la fortaleza del resultado negativo de la tasa de desocupación (-15,17) conjuntamente con el referente del estadístico "t" como variable independiente (-4,97) sobre los movimientos del salario nominal. Mientras las variaciones del PBI muestran un resultado negativo menor (-6,04) pero también con significancia del (-1,71) en el estadístico "t", siendo muy débil la incidencia del producto de la política económica y las variaciones del PBI con signo positivo, (coef. 3,94 y "t" 0,70).

Entre 1976-2004 el signo negativo en la variación de la desocupación (-17,83 y "t" -3,57) muestra resultados con la misma tendencia, mientras el coeficiente del PBI es más alto (-7,23) y más bajo el estadístico "t" (-1,31). El análisis de esta etapa permite decir que la continuidad de la política asumida desde 1976 y fortalecida en la década del 90 tiene elementos decisorios en el resultado global.

La identificación de la política económica en el período total, segunda regresión, presenta resultados significativos como variable independiente (coeficiente de -1,52 y estadístico "t" de -5,07).

Mientras tanto, entre 1976-2004 (donde pe2003-2004 = 1 y pe1976- 2002 = 0) no es significativa, siendo también negativa como en el periodo 1946-1975.

La incorporación de la variación de las importaciones muestra significancia en la quinta y sexta regresiones del período 1976-2004, no así en el análisis general 1946-2004.

La importancia de la misma ha tenido una incidencia sobre el salario nominal. El tipo de cambio nominal no ha aportado mejora alguna a la estimación; con el mantenimiento negativo de la tasa de desocupación.

La diferencia y comparación de resultados de cada período es necesaria para certificar, o modificar, este resultado general.

Se puede afirmar que en el período 1946-1975 se observa un crecimiento económico mayor al registrado en el segundo período 1976-2004. Mientras en el primer periodo el PBI presenta un crecimiento del 176%, el segundo hasta fines del 2001 muestra solo el 43%.

Las variaciones inflacionarias registradas en el segundo periodo superan al primero con cifras imposibles de anotar.

Los salarios reales muestran un aumento del 13,5% en el primer periodo, contra una baja del 32% en el segundo. La población desocupada mientras muestra un disminución del 57% entre 1946-1975, registra un ascenso realmente alarmante desde 1976 hasta 2001 inclusive (472%).

Anteriormente a la década del 70 el comportamiento y respuesta a las crisis que se suscitaban en cada gobierno, según lo detallado, se circunscribían a determinados ajustes que eran realizados para corregir las variables económicas para un nuevo período.

Generalmente en la primera fase del ciclo económico se podía observar el aumento del empleo, del salario (retrasado por las crisis del ciclo anterior), como también de la inversión y el crédito y por ende de su costo, la tasa de interés. Los precios no se quedaban rezagados, como tampoco el tipo de cambio.

La intervención de Estado ejercía una mayor presión impositiva, y generalmente intentaba reducir del gasto público, elevado en momentos de alta necesidad de solventar períodos recesivos temporales. El equilibrio de gastos e ingresos era difícil de lograr.

La continuidad del mecanismo mostraba un menor aumento del empleo, una lenta recuperación de los salarios respecto a la pérdida original, con limitaciones y posterior descenso de la inversión, acompañados por una baja en el ahorro, y una oscilación del crédito y la tasa de interés. Los precios mostraban una tendencia a la suba por las limitaciones en la oferta.[18]

La siguiente fase comienza a manifestar la tendencia a la baja de los salarios y el empleo como también de la inversión, lo que trae aparejados la disminución del crédito y aumento de su costo. Al entrar en la etapa recesiva los precios se acomodan para que las empresas trabajen con la mínima pérdida, mientras el Estado limita la presión impositiva con el aumento del gasto público.

La cuarta fase continúa con la baja del empleo y los salarios, la inversión, el crédito y el ahorro, generando un proceso recesivo.

Desde mediados de la década del 40, el modelo agro-exportador mantenía el papel principal y definitorio de la economía argentina. La necesidad de nuevas unidades fabriles, intensivas en capital con el acople de generación de energía, y la exigencia de desarrollo de servicios de comunicaciones y transporte, juntamente con la nueva tecnología agraria, fueron estructuras iniciales para su posterior evolución, la cual se notó varias veces frustrada por la frecuente inestabilidad política.

---

[18]   Burkun, M. y Vitelli, G., *La búsqueda de un paradigma. Grados de libertad de la política económica argentina*, Prometeo, 2005.

Si bien las exigencias de nuevos perfiles productivos comenzaron a enfocar un camino más claro a raíz de la Segunda Guerra Mundial, desde mediados de la década del 50 fueron muy pocos los gobiernos que visualizaron la necesidad de un desarrollo estructural. La insuficiencia de reservas limitaba ampliamente las importaciones, como así también el proceso de sustitución de las mismas debido a las necesidades insatisfechas de bienes de capital.

La inevitable debilidad de los términos de intercambio de los productos exportables limitaba aun más el poder de compra de bienes necesarios para el desarrollo industrial.

Cuadros de Variables

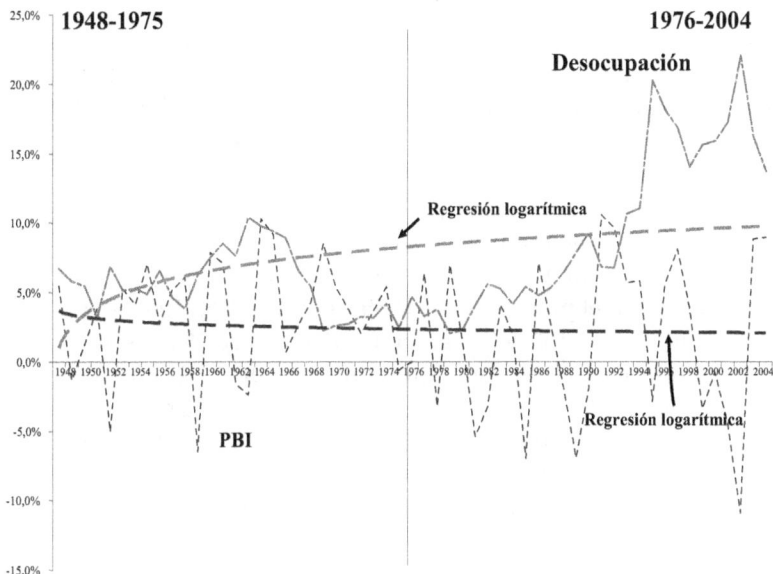

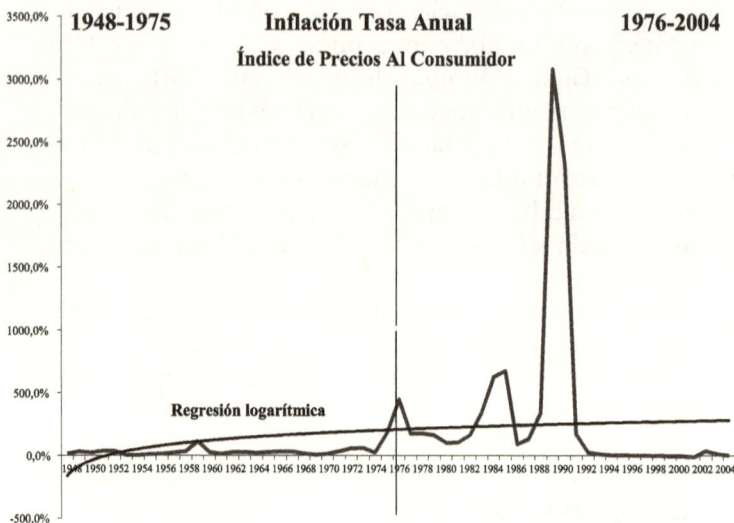

Fuente: Elaboración propia en base a datos del INDEC, BCRA

    Ante los permanentes cambios porcentuales del PBI (a precios de 1993) y la desocupación, entre 1948 y 2004, se ha realizado en el gráfico la tendencia logarítmica de su comportamiento en cada uno de los períodos: primer período 1948-1975 y segundo periodo 1976-2004.

    Se puede observar que la variación del PBI en el primer período muestra una tendencia a la baja muy moderada. Los principales cambios se manifiestan en subas del 15,7% en el período 1948-1955 y del 21,2% en 1963-1966. Entre 1972 y 1975 el crecimiento alcanzó el 8,7%. Las bajas pronunciadas se notan en momentos de crisis político-económicas puntuales como por ejemplo, baja del (1,3%) en 1949, (5,0%) en 1952, (6,5%) en 1959, (4%) en 1962-1963, efectos que limitaron la suba del mismo.

    El comportamiento de la tasa de desocupación ha variado desde una disminución del 34% entre 1946 y 1955, con una suba mayor en 1955-1959 del 35%, una baja posterior del 19% entre 1959-1974 agregando una reducción del 40% en 1975.

El quiebre de la convertibilidad del dólar/oro en los Estados Unidos (1971, presidente Richard Nixon) causó importantes variaciones en las paridades cambiarias que hasta el momento no eran frecuentes; sobre todo a partir de marzo de 1973 cuando se autorizó la libre y total flotación de la moneda norteamericana. Los sectores económicos perdieron la noción de estabilidad y su perspectiva de certeza respecto de los movimientos económicos de corto y largo plazo, situación esta que se manifestó en los países en vías de desarrollo, a través del aumento del rendimiento financiero del capital en términos reales para enfrentar la fuga de los mismos.

Originalmente los EEUU no podían responder al fuerte desequilibrio monetario internacional, con una gran oferta de dinero en el mundo. La inestabilidad de los mercados internacionales en los diferentes ítems produjo la incapacidad interna de los países subdesarrollados de expandir la acumulación de capital, reduciendo la transferencia de recursos a los sectores productivos. Se limitó en forma crítica la inversión de riesgo en procesos productivos y se amplió el manejo de capital especulativo de corto plazo para sustentar las permanentes crisis manifestadas por una deuda externa tomada e incrementada para sostener el déficit de la cuenta corriente del balance de pagos.

El comportamiento crítico de las paridades cambiarias y el movimiento especulativo del capital internacional comenzó a procesar fuertes alzas en el costo del capital, con importantes variaciones de precios. Posteriormente, ante las aceleraciones inflacionarias se notaba una baja monetización produciendo un elevado rendimiento por medio de altas tasas de interés.

Las alteraciones externas han tenido sus correlatos en mercados como el argentino, ya que a partir de 1973 el nivel de inflación creció a tasas superiores a la internacional acentuándose las oscilaciones de los precios relativos.

Con el nacimiento de ampliadas modificaciones en el contexto económico mundial y el quiebre del equilibrio de la llamada "economía del bienestar", comienza a procesarse un nuevo y definitorio papel sobre la economía interna de los diferentes países en desarrollo.

La acumulación de capital en los mismos era funcional con las relaciones internacionales.

En los países desarrollados la asociación de aumentos de salarios, o mayor inflación, y menor desocupación comenzó a tener contradicciones que no permitían el cumplimiento de lo planteado originalmente en el estudio de A. Phillips.

Las alteraciones se ponen de manifiesto en cuatro áreas.

- Cambio en la relación de precios externa.
- Alteraciones en la mecánica operativa del mercado mundial de créditos.
- Diferente accionar internacional de las firmas oligo-pólicas industriales y de servicios.

Notoria aceleración de avances tecnológicos y con-centración de los mismos.[19]

Paralelamente se observa una aceleración profunda en el nivel inflacionario de los países industrializados hasta mediados de la década siguiente. Los insumos, costo del capital y paridades cambiarias muestran una tendencia con variaciones a ritmos dispares.

Con la limitada posibilidad de la economía local de minimizar las influencias de cambios de paridades cam-biarias, las modificaciones permanentes en los precios internos de bienes y servicios derivaban en alteraciones de los costos relativos entre empresas de una misma rama o entre sectores, con la consiguiente aceleración en el ritmo global de la inflación.

Los permanentes desfasajes de los salarios rea-les implicaban que no pudieran recuperar niveles de

---

[19]   Vitelli, G., *Las lógicas de la economía argentina, Prendergast*, 1990.

ascenso observados con anterioridad, como tampoco, exceptuados algunos gobiernos, podían nivelar la suba de salarios con la baja de la desocupación.

La profundización de los desajustes y desniveles de las dos variables es mucho más aguda, lejos de conjugar un nivel estable del salario real con una baja en la desocupación. La debilidad en la distribución del ingreso comenzaba a ser cada vez más fuerte.

Los resultados provenientes del comienzo de cada ajuste económico, como el de 1966, 1976, 1985 y 1989, mostraban un tiempo de vigencia relativamente más corto que en el ciclo anterior a la década del 70.

Variación porcentual en cada período

Período de medición	Salario real	Cantidad de desocupados
1946 / 1955	11.70%	(-34.10%)
1956 / 1957	(-17.80%)	(-28.40%)
1958 / 1962	(-19.90%)	101.70%
1963 / 1966	14.70%	(-11.20%)
1967 / 1972	(-9.70%)	(-46.90%)
1973 / 1975	1.30%	(-17.80%)
1976 / 1983	8.50%	18.30%
1984 / 1989	(-44.70%)	122.20%
1990 / 2001	(-13.6%)	129.50%
2002 / 2004	46.40%	(-33.70%)

Fuente: elaboración propia según datos de INDEC, Diversos Tr. de análisis de ocupación-desocupación.

El comportamiento económico en 1976-2001 ha mostrado cambios por demás elocuentes con fuertes alzas en los porcentuales de la desocupación.

Sumado a los puntos citados anteriormente los condicionantes fueron orientados principalmente a:

- la apertura indiscriminada al comercio mundial
- el primer puesto de rendimiento financiero en términos reales, donde la tasa de interés interna era superior a la internacional más el denominado "riesgo país"
- el mayor ingreso de capitales financieros
- la reducida inversión bruta fija en sectores con una tasa interna de retorno tardía, de acuerdo al riesgo asumido (sector secundario), juntamente con el achicamiento en empresas de mano de obra intensiva y el fortalecimiento en la concentración de capitales sin una planificación regional han sido parámetros que han fortalecido indiscutiblemente este modelo.

En el proceso militar se observa una variación en la desocupación del orden de una suba del 28% entre 1976-1982, con una suba menor del 8% entre 1982-1987, para luego incrementarse súbitamente un 81% entre 1987-1990.

Los niveles se reducen un 25% entre 1990-1992 en el nuevo gobierno democrático (Menem), para luego conformar cifras de dos dígitos, que entre 1989-1995 llegaron a un incremento del 199%.

El total del periodo 1989-2001 muestra un incremento de la desocupación en el orden del 168%.

El PBI ha sufrido oscilaciones realmente bruscas en su evolución. Entre 1977 y 1982 su baja ha sido del (3,75%).

Entre 1982 y 1987 su alza ha sido del orden del 8,6%. Desde esa fecha hasta 1990, el descenso fue del (10,4%).

La recuperación del PBI, entre el primer y último año de la década del 90, a precios de 1993, ha registrado un aumento del 49,6%. Para después bajar el (4,4%) en

2001, y recuperarse el 18,6% en los tres años de los nuevos gobiernos, sobre todo entre 2003 y 2004.

Cifras por demás elocuentes que permiten fortalecer la concepción de que estos cambios han sido contraproducentes con la estructura productiva argentina, acentuando un descenso social nunca antes observado.

Cuadro síntesis de comparación económica

El cuadro mostrado a continuación, separando las épocas estudiadas, exhibe las diferentes modificaciones porcentuales de las variables observadas, que permiten coadyuvar al desarrollo realizado hasta el momento.

En 1946-1975, el crecimiento del PBI ha superado holgadamente al segundo eslabón de tiempo analizado; la diferencia que se observa sin considerar 1975 en la primera etapa es incluso mayor.

Es notable como el cambio de política macroeconómica sustentada entre 2002 y 2004, después del fracaso de la convertibilidad, ha modificado el crecimiento en casi ocho puntos, respecto de lo registrado entre 1976-2001. En términos globales (1946-1975, 1976-2004) la diferencia alcanza 125 puntos porcentuales de diferencia.

Si se observan las más importantes variables de la cuenta comercial del balance de pagos (M, X) entre 1946-1974 y 1976-2001, es notoria la superación de las importaciones respecto a las exportaciones, 134% en la primera y 94% en la segunda. En la primera etapa las compras al exterior satisfacían el consumo interno y, al mismo tiempo, lo necesario para el pujante crecimiento industrial. Se sabe, según diferentes estudios específicos del tema, que en el segundo período esa diferencia, siendo menor al anterior período, representaba una fuerte limitación al crecimiento industrial, y paradójicamente mostraba una alto índice de bienes necesarios para el consumo manifestado en los sectores sociales de mayor nivel económico. A ello se contraponen elevadas limitaciones para los ciudadanos pertenecientes a las clases sociales mas bajas, incrementadas en forma muy destacada.

Las exportaciones muestran poca diferencia entre ambas épocas aunque en la primera mantienen un porcentual superior. Mientras desde 1946 se estaba iniciando el proceso de crecimiento y las exportaciones se procesaban a través de productos del sector primario, para solventar un influyente desarrollo del sector industrial, en el segundo período, no dejan de ser del sector primario básico para solventar las compras realizadas al mercado mundial, debido a la recesión interna.

Es importante observar la respuesta entre 2002-2004, producto principalmente de la devaluación realizada, siendo el tipo de cambio una de las bases principales del plan económico del nuevo gobierno.

Si se observa la evolución del tipo de cambio real (considerando al IPC tanto de nuestro país como el de los EE.UU.), es notorio que el plan de la segunda etapa tomaba el deterioro del mismo en forma continua. La entrada de capitales especulativos permitía el sostenimiento del desfasaje consecuente de la balanza comercial, generando la mayor deuda externa que ha tenido la Argentina en el siglo XX.

La población económicamente activa muestra un crecimiento porcentual importante en el segundo período. Lo mismo sucede con la desocupación, en avances escalofriantes desde el punto de vista social producto del fracaso económico. Se puede observar que en la primera etapa, 1946-1974 y 1946-1975, incluyendo al año del denominado "Rodrigazo", la baja porcentual de la desocupación ha sido muy llamativa. En 1975 el Estado fue absorbente directo de la desocupación, producto de la crisis.

De acuerdo a lo expresado, la variable básica que podía mantener tanto una etapa de crecimiento como una de fuerte porcentual de regresión económica, primera y segunda respectivamente, ha sido el salario real, que conjuntamente con la desocupación mostraba una notoria diferencia entre las dos épocas.

Si bien las características de la inversión pública se muestran a partir de 1961, esto no esconde las limitaciones del crecimiento económico de la segunda etapa respecto de la primera, donde la inversión pública ha jugado un papel preponderante en la composición del PBI.

Variables, su Evolución

	1946-74	1946-75	1976-01	1976-04
PBI: 1993=100	+178%	+176%	+43%	+51%
M: 1993=100	+185%	+200%	+142%	+134%
X: 1993=100	+79%	+49%	+73%	+105%
S real: Indec, BCRA, M. González	+18%	+14%	-41%	-32%
Desocupación	-28%	-57%	+472%	+377%
Población Ec. Activa	+44%	+47%	+56%	+62%
TC: TCN según IPC e IP USA	+69%	+141%	-62%	-19%

	1961-74	1961-75	1976-01	1976-04
I. Publica: 1993=100. M Econ	+61%	+82%	-15%	-13%

Fuente: Elaboración Propia según datos de Indec, BCRA, M de TR, M de Economia.

Ante este resumen económico es importante observar por qué la Curva de Phillips ha tomado una tendencia indefinida en el primer ciclo y una contundente afirmación en el segundo, mostrando un signo fuertemente negativo en su tendencia en 1976-2004, asegurando el comportamiento original de la misma en el periodo completo 1946-2004.

Esto permite abrir nuevos caminos de investigación y alternativas de estudio de la primera etapa ante los desfasajes que se han observado en las regresiones realizadas.

Un agregado. Fischer-Phillips.

Si bien Phillips utilizó salarios nominales en su estudio, después de muchas discusiones y pruebas de la viabilidad de su estudio en la teoría macroeconómica, se comenzó a utilizar el nivel inflacionario como variable dependiente considerando que la variación del mismo representaba el costo del salario, ya que se suponía que los mismos valores nominales serían indefectiblemente ajustados según el crecimiento de los precios.

De acuerdo con este concepto, las expectativas de variación de los salarios nominales pasaron a ser tema de análisis evolutivo tanto por parte del empresario como del trabajador en la determinación de futuros aumentos de remuneraciones.

El tema de la variación de precios no es algo reciente y sobre todo si se lo relaciona con la variación del desempleo.

En 1926, Irving Fischer publicó un artículo en la *International Labor Review* de Ginebra que fue destacado según la reproducción del *Journal of Political Economy* de marzo-abril publicado recién en 1973, bajo el título "I discovered the Phillips Curve", cuando su titulo original fue "A statistical relation between unemployment and price changes".[20]

Era evidentemente precursor del análisis de la prueba realizada por Phillips.

Es interesante realizar la regresión utilizando la variación porcentual del índice de precios y la tasa de desocupación entre 1946-2004.

---

[20]   Conesa, Eduardo, *Macroeconomía y política macroeconómica*, Macchi, 2002.

Resumen

Estadísticas de la regresión		1946-2004
Coeficiente de correlación múltiple	0,954	**Curva de Fischer**
Coeficiente de determinación R^2	0,911	y: variación % de precios
R^2 ajustado	**0,908**	**Desocupación**
Error típico	1,527	
Observaciones	59,000	

ANÁLISIS DE VARIANZA

	Grados de libertad	Suma de cuadrados	Promedio de los cuadrados	F	Valor crítico de F
Regresión	2	1331,863	665,932	**285,666**	4,16E-30
Residuos	56	130,545	2,331		
Total	58	1462,408			

	Coeficientes	Error típico	Estadístico t	Probabilidad	Inferior 95%	Superior 95%	Inferior 95,0%	Superior 95,0%
Intercepción	1,575	0,376	4,184	0,000	0,821	2,328	0,821	2,328
Var. tasa de Desocupación	-9,574	4,119	-2,324	0,024	-17,826	-1,322	-17,826	-1,322
Variable Dummy en 1989-1990	**26,214**	1,099	23,853	0,000	24,013	28,416	24,013	28,416

Se puede observar que los resultados no difieren demasiado con lo demostrado para el desarrollo de la Curva de Phillips.

El coeficiente asienta la pendiente negativa de la curva, que al mismo tiempo sustenta la incidencia de la desocupación, según el estadístico "t".

Comparar lo obtenido utilizando como variable dependiente a la tasa de inflación y variable independiente a la tasa de desempleo, logrando resultados muy parecidos, implica también destacar cálculos alternativos para profundizar el análisis de la Curva de Phillips.

Como se ha mostrado, en primera instancia, después del análisis del total del período 1946-2004, la separación 1946-1975 y 1976-2004 corresponde porque las alternativas de cambios en la política económica aplicada por cada uno de los gobiernos han sido muy difíciles de calificar principalmente después de 1955 hasta llegar a mediados de la década del 70 (1976).

Como hemos mencionado y en breve resumen, la Revolución Libertadora mantuvo un gobierno de carácter liberal, como también en los últimos dieciocho meses el gobierno desarrollista ha realizado cambios que muestran la continuidad de esta tendencia.

El período radical 1963-1966 del Dr. Arturo Illia, que sustentaba una política de orden fiscal, fue partícipe de un período relativamente corto, para luego desembocar a mediados de la década del 60, en otro gobierno dictatorial de variados matices económicos pero con grandes indefiniciones.

Aquel gobierno se vio afectado por cambios en la orbita presidencial, en la conducción económica y principalmente demostró falencias en la adaptación a los nuevos requerimientos sociales que se gestaban en el contexto internacional y en particular dentro de nuestras fronteras, con lo cual era previsible una fuerte inestabilidad política.

Desde 1976, según lo expresado anteriormente, fue viable observar una conducta macroeconómica más uniforme en el contexto internacional, sobre todo basada en reglas relativamente uniformes en cada país desde el comienzo. Este abrupto cambio en el nivel internacional gestó ininterrumpidamente en el nuestro una gran dependencia económica.

Si bien los países en crecimiento, en términos generales, fueron precursores en el cumplimiento de las nuevas reglas, ninguno demoró demasiado en dejar de seguirlas observando lineamientos asociados al fracaso del objetivo principal en forma indefectible.

A partir de 1976, nuestro país ha respetado en forma continua la nueva fase internacional y por ende se ha gestado una dependencia interna permitiendo la consolidación de una política restrictiva, en el crecimiento tanto económico como social, posibilitando que la Curva de Phillips se definiera en forma continua según su comportamiento original.

La debilidad en la economía social por el plan en funcionamiento en ese período y la fortaleza en los rasgos de dependencia económica con el exterior, mostrada por el gobierno del proceso militar y posteriormente continuada en la democracia hasta el 2001, comenzaron un proceso de crisis con subas permanentes de la desocupación.

La aplicación del plan de convertibilidad, gestado como elemento de ajuste necesario para superar las secuencias de la crisis económica observada en 1989-1990, produjo el abrupto aumento de la desocupación que desde 1988 manifestaba crecimiento. Se fortaleció así un proceso recesivo y deflacionario, lo cual permitió que los niveles de salario nominales no tuvieran modificación alguna en 1996-2002 con una caída vertiginosa de los salarios reales de 1987 a 1989 (-35,5%), 1991 a 1993 (-22,7%) y 1994 a 1998 (-2,07%). En definitiva desde 1987 hasta el 2001, la caída fue del 29%.

Estos elementos coadyuvaron a generar una relación negativa entre las variaciones del salario nominal y la tasa de desocupación.

Como ya se ha mencionado, este comportamiento fue de tal magnitud que absorbió las oscilaciones demostradas en el primer período 1946-1975, posibilitando la afirmación y comportamiento de la curva en el periodo completo, 1946 - 2004.

Relación Salario Real - Tasa de Desocupación

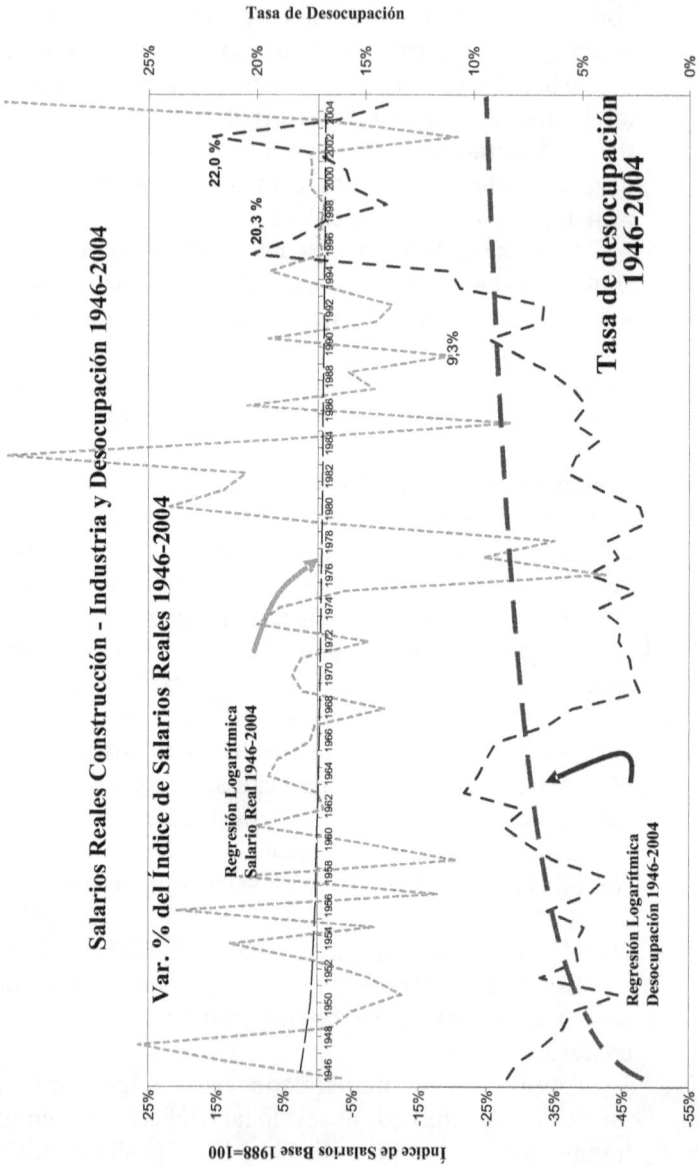

Salarios Reales Construcción - Industria y Desocupación 1946-2004

Var. % del Índice de Salarios Reales 1946-2004

Tasa de Desocupación

Tasa de desocupación 1946-2004

Índice de Salarios Base 1988=100

Regresión Logarítmica Salario Real 1946-2004

Regresión Logarítmica Desocupación 1946-2004

Observación de las regresiones logarítmicas

Desde el fracaso del gobierno del Dr. Fernando de la Rúa es necesario observar la tendencia en todo el periodo –con la separación de los años 2002 y 2004– que manifiesta cambios importantes y nuevos rumbos en los resultados de las variables consideradas.

La línea logarítmica en el gráfico nos permite visualizar que los salarios reales presentan una tendencia muy moderada a la baja; no así la tasa desocupación, que es creciente desde el inicio de la medición.

Es evidente que la observación de las variaciones porcentuales 2003-2004 muestra altas modificaciones que, aunque no son definitorias para todo el proceso, influyen considerablemente en los salarios y una importante baja en la desocupación.

Realizando el mismo análisis entre 1946 y 2001 se observa una mayor caída del salario real.

En 1946-1975, según las cifras observadas en cuadro "Variación porcentual en cada período", no se notan tendencias concretas sino más bien altas y bajas que permiten mantener el equilibrio; pero el peso relacionado en el segundo ciclo, tanto en salarios como en desocupación, permite observar una caída por debajo de la línea de equilibrio, menor cuando se extiende al año 2004.

La desocupación muestra valores cercanos al 2,5% desde 1946, llegando a porcentuales cercanos al 8%.

La influencia del segundo período (1976-2004) es notoria, como también lo son los periodos 2002-2004 en forma contraria.

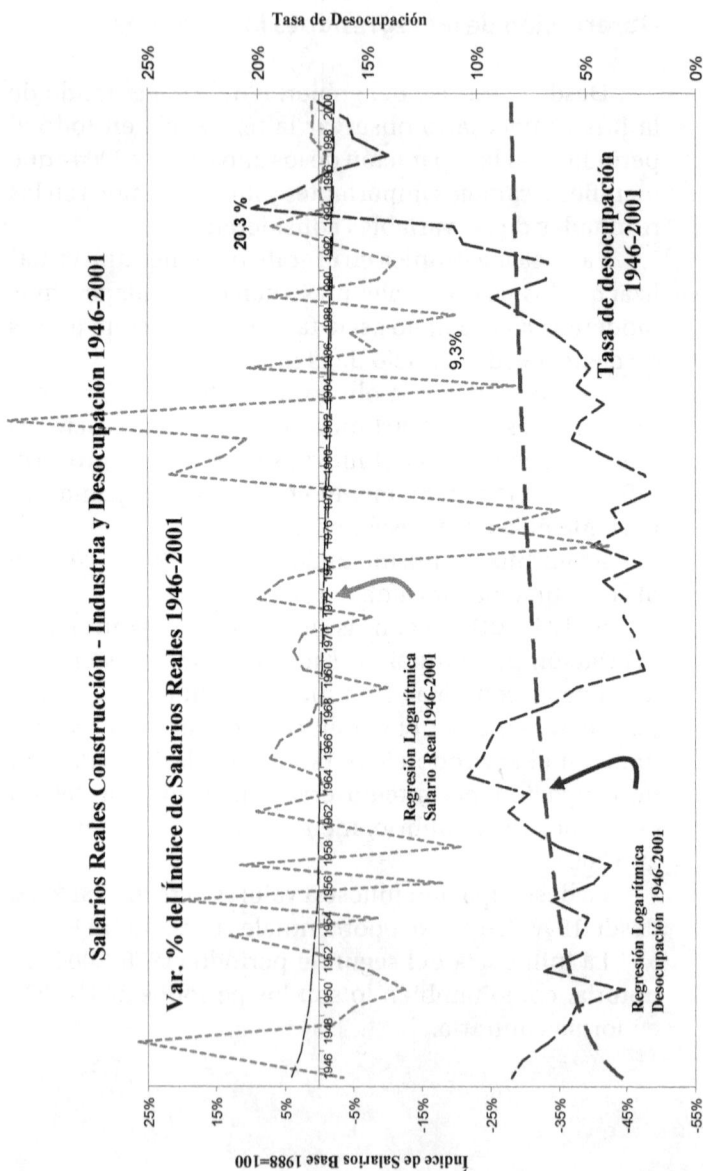

Salarios Reales Construcción - Industria y Desocupación 1946-2001

Var. % del Índice de Salarios Reales 1946-2001

Tasa de Desocupación

Tasa de desocupación 1946-2001

Regresión Logarítmica Salario Real 1946-2001

Regresión Logarítmica Desocupación 1946-2001

Índice de Salarios Base 1988=100

En este gráfico la regresión logarítmica de los salarios reales muestran una baja cercana al 10% (partiendo del 5% en 1946, y alcanzando porcentajes cercanos al -5% en 2001). Mientras la correspondiente a la tasa de desocupación muestra variaciones desde la aproximación al 2,5% en 1946, hasta valores cercanos al 8% en el 2001.

Realmente sorprenden las variaciones expuestas en un período (1946-2001) de 55 años, con diferencias marcadas de distintas políticas, una primera etapa de 30 períodos, y una segunda, con demasiada influencia, de sólo 25 años, que hayan motivado tales movimientos.

Podríamos preguntarnos si este desarrollo es una prueba elocuente del comportamiento del salario ante las modificaciones de la desocupación.

Lo hasta ahora demostrado afianza los sencillos parámetros de medición realizados por Phillips.

Como se ha mencionado anteriormente, el comportamiento de variables económicas en períodos relativamente cortos y contradictorios en su comportamiento, sin duda influyen pero no con la suficiente fuerza para dejar de considerar la utilidad del estudio de la Curva de Phillips.

Otras alternativas para profundizar el análisis de la Curva de Phillips

Si bien se ha realizado y demostrado claramente el comportamiento de la curva en las épocas expresadas anteriormente, quedaba pendiente la observación y unificación de gobiernos que mostraron conductas económicas igualitarias en diferentes períodos de tiempo.

La separación de épocas catalogadas en el estudio presentado ha sido a fin de contemplar los grandes lineamientos de la política económica registrada en la Argentina desde 1946 hasta el presente, pero el hecho de que la curva hubiera sido tan disímil en la primera época respecto de la segunda permite profundizar el análisis. Así se puede intentar establecer las disparidades políticas que distinguen los gobiernos que mostraron una política económica relativamente conformada en los lineamientos de carácter fiscal, entendidas como políticas con un activo rol del Estado, influencia en el terreno tributario y la no dependencia específica de la política de tono monetarista (donde la cuenta corriente del balance de pagos está fuertemente subordinada a la apertura indiscriminada al comercio mundial, con fuerte accionar de la cuenta de capital a fin de equiparar el permanente déficit de la misma).

Esta última acción básica implica el mantenimiento constante del tipo de cambio a niveles que permiten contemplar valores sobrevaluados de la moneda local.

De acuerdo con lo desarrollado hasta el momento, en el análisis total 1946-2004 la Curva de Phillips presenta una pendiente negativa, con influencia cuando se la agrega "pe" (la política económica) manifestado con valores de 1 y 0 en cada período, y la variación del PBI (tercera regresión, período 1946-2004). Con el fin de afianzar tal resultado y en virtud de las continuas imperfecciones y pérdidas de continuidad constitucional de cada gobierno democrático, me pareció necesario profundizar el análisis.

Desde 1976-2004 se observa la aceptación inmediata del nuevo ciclo visualizado en el contexto internacional.

Hasta fines del año 2001 se presenta un esquema de política ortodoxa, reglamentado según los principios económicos básicos catalogados en el esquema internacional –afianzados por el Consenso de Washington a comienzos de la década del 80–.

La Curva presenta un afianzamiento del comportamiento original, con el agregado inclusive de las variables que han sido utilizadas para profundizar el análisis realizado.

Debido a esta situación, era necesario realizar el análisis de la primera etapa (1946-1975). Ésta fue muy débil en el desarrollo de una continuidad política, lo que tuvo efectos contraproducentes inmediatos en su comportamiento, sin obtener respuestas concretas.

En el primer período 1946-1975, mientras en el contexto internacional la Curva de Phillips presentaba un comportamiento relativamente preciso hasta fines de la década del 60, según definiciones de economistas como Paul Samuelson y Robert Solow, en nuestro país los resultados han sido diversos sin poder afirmar un comportamiento de equilibrio relativo en forma continua.

Evidentemente la debilidad política de cada gobierno de la primera etapa en nuestro país se traducía indefectiblemente en continuas crisis económicas, donde las variables tomadas para el análisis del estudio de Phillips no producían elementos para afianzar un resultado definitorio.

En el **Anexo I** se pueden observar determinados períodos de gobiernos constitucionales con uniformidad en la ideología política donde se advierte un contexto económico de alzas de salarios nominales y reales, evolución inflacionaria con cierto control en base a acuerdos con sectores formadores de precios, y crecimiento real del PBI, al tiempo de una relativa ampliación del circulante de dinero a fin de gestar una variación ascendente del consumo.

Surge aquí un cuestionamiento. Si la segunda etapa muestra resultados concretos respecto a la primera (la cual ha mostrado el mayor crecimiento económico real), **¿cuál es el mejor camino para afirmar si el comportamiento de la curva presenta resultados incongruentes en cualquier situación o, contrariamente, tiene una tendencia más firme respecto de la original, en situaciones político-económicas que permiten mantener cierta estabilidad en las variables utilizadas según los objetivos prefijados?**

Para responder a este interrogante y de acuerdo a lo expresado anteriormente sobre la permanente desestabilización económica, era necesario unificar períodos de gobierno donde la política económica presentara una continuidad en el uso de variables y de esa forma poder realizar un desarrollo de la Curva de Phillips. Los períodos elegidos se identifican como gobiernos de "política peronista": 1946-1955, 1973-1975, y 2002-2004.

Si bien los niveles inflacionarios representaban un problema continuo, se puede considerar que con excepción de años críticos, como 1975, existía cierto control de precios en base a acuerdos progresivos con los sectores con poder económico para formación de los mismos.

La continuidad político-económica del peronismo entre los años 1946 y 1955, donde el aumento del salario real ha sido el 11,7%, en 1973-1975, reflejando un incremento del 1,31%, y 2002-2004, con el importante crecimiento de 46,4%, representa características de gran influencia en el contexto analizado, por su extensión y actuación temporal.

Es importante mencionar que la selección de períodos parciales o completos de gobiernos clasificados como de "política peronista", opuestos a esquemas de concepción monetarista o neoliberal, lejos de ser selectivos dentro del andamiaje político, sólo intenta mostrar definiciones económicas sustentadas por la aplicación de variables identificadas dentro del esquema de política fiscal, para de esa forma observar el comportamiento de la curva y a qué obedece su pendiente.

La unificación de los períodos mencionados encuentra una obstrucción analítica.

El principal problema consistía en observar si la selección de períodos de gobierno con políticas económicas acordes y en tiempos no continuos podía o no ser tomada en consideración conjunta a fin de realizar la medición de la Curva de Phillips.

Con tal objetivo, la profundización del estudio, para realizar el desarrollo e investigación econométrica de la Curva de Phillips en los períodos mencionados (**Anexo II**), me ha servido para elaborar determinados parámetros de continuidad político-económica y de esa forma hacer congruente el resultado de la Curva con el estudio original.

Al mismo tiempo se podría afirmar que en períodos de inestabilidad motivados por diferentes hechos de cambio político, que afectan sensiblemente el comportamiento económico racional, no logran a la vez contradecir el resultado original o invalidar la utilización de la misma para el análisis económico permanente.

Se requiere la conformación de etapas donde exista cierta continuidad en el tiempo de la aplicación de variables que conforman los objetivos buscados desde el entorno político

Es importante realizar una introducción de los temas básicos econométricos que han permitido realizar el desarrollo del **Anexo II**.

Analizando las series de tiempo en su concepción básica se define que las observaciones en el tiempo de una variable "Y" pueden ser interpretadas como la suma de dos componentes bien diferenciados. *Observación = componente determinista + perturbación aleatoria.*

La econometría clásica utiliza modelos de tipo causal. Los modelos para series de tiempo univariantes se basan en el comportamiento histórico de la variable.

La adecuada especificación de los desfasajes y de su estructura probabilística ha cambiado la igualdad presentada anteriormente por el siguiente esquema.

"Yt, Yt-1, Yt-2... proceso generador de las observaciones... Yt

El correlato formal del proceso general de las observaciones es el proceso estocástico o modelo para serie de tiempo. Recordando que el proceso estocástico presenta una igualdad con lo "relativo al azar".

Al mismo tiempo el proceso estocástico o modelo para la serie de tiempo es el correlato formal del proceso de generación de datos (PGD).

Un proceso estocástico es estacionario cuando el transcurso del tiempo no modifica su estructura probabilística, o sea se mantienen constantes las características de la población generadora de observaciones.

De acuerdo con el tratamiento moderno de la serie de tiempo, la aleatoriedad no se considera independiente de la parte sistemática, sino que afecta a cada una de sus componentes, se producen alternancias en la estructura de la tendencia, de los ciclos y de la variación estacional. Aparecen así tendencias estocásticas, ciclos con periodicidades variables y fluctuaciones estacionales también cambiantes.

El proceso estocástico es el modelo apropiado para describir la estructura probabilística capaz de generar las observaciones que constituyen una serie de tiempo empírica.

Una clase importante de procesos estocásticos son los "procesos estacionaros", los cuales adquieren ese significado cuando el transcurso del tiempo no modifica su estructura probabilística, o sea son constantes las características de la población generadora de observaciones. La variable aleatoria, por definición, permanece constante en el transcurso del tiempo, siendo además independientes los resultados de las sucesivas pruebas.[21]

En términos de resumen, un proceso estocástico es estacionario si su media y su varianza son constantes en el tiempo y si el valor de la co-varianza entre los dos períodos depende solamente de la distancia o rezago entre estos dos períodos de tiempo y no del tiempo en el cual se ha calculado la co-varianza.

Si una serie de tiempo es estacionaria, su media, su varianza y su auto covarianza (en los diferentes rezagos) permanecen iguales sin importar el momento en el cual se miden.[22]

Ahora bien, si una serie de tiempo no es estacionaria tendrá una media que varía con el tiempo o una varianza que cambia con el tiempo, o ambas.

En este caso sólo se puede estudiar el comportamiento de la serie de tiempo durante el período bajo consideración.

Pero el problema se centra en la necesidad de profundizar el estudio en variables que no son estacionarias a través del tiempo, como es el caso de las acciones, tipo de cambio, y lo que se trata en nuestro análisis sobre la Curva de Phillips, salarios nominales, desempleo y las mediciones económicas como inflación, PBI, etc.

En término simple se menciona que los precios de valores como los mencionados anteriormente siguen una "caminata aleatoria" o que son "no estacionarios".

Para ser estacionario hace falta una caminata aleatoria sin variaciones, lo cual se define como $Y_t = Y_{t-1} + u_t$, siendo u_t un término de error con ruido blanco, con media 0 y varianza o**2**.

[21]   Urbisaia, H. y Brufman, J., *Análisis de Series de Tiempo Univariables y Multivariables*, Editorial Cooperativas, 2000.
[22]   *Op. cit.* supra, nota 14. Capítulo 21.

El valor de Y en el tiempo t es igual a su valor en el tiempo (t-1) más un choque aleatorio, por lo cual es un modelo AR (un proceso estacionario puro).

Una prueba alternativa sobre estacionalidad o no estacionalidad que es muy reciente se conoce como la "prueba de raíz unitaria".

$$Yt = pYt\text{-}1 + ut \qquad \text{-}1 \leq p \leq 1$$

Donde ut es un término de error con ruido blanco (el error no tiene incidencia).

Se sabe que si p=1 (es decir en el caso de raíz unitaria), se convierte en un modelo de caminata aleatoria sin variaciones, del cual se sabe que es un proceso estocástico no estacionario.

En general los agregados económicos son no estacionarios, es decir son funciones de tiempo en lo que respecta a la media y la varianza.

Por esta razón, lo que se debe probar es la estacionalidad de las series de tiempo, lo cual implica que la serie no va a modificar la estructura probabilística a lo largo del tiempo de medición.

En todo el desarrollo del trabajo hasta el momento, trabajamos principalmente con dos series, en primer lugar la variación de los salarios básicos de convenio nominales de la industria y la construcción del personal no calificado y en segundo lugar con las variaciones del índice de desocupación en el Gran Buenos Aires.

En el desarrollo del **Anexo II** y de acuerdo a la asociación que plantean los fundadores de la corriente monetarista, tomaremos la variación del índice de precios al consumidor, la inflación, como variable independiente.

Al mismo tiempo la introducción de la variación del PBI permite profundizar el análisis a realizar, según lo detallado en el desarrollo inicial del Anexo II.

Utilizando el método de variables instrumentales, ante la posibilidad de que exista correlación entre el error (u) y el desempleo, si la misma no se elimina el método deja de ser útil transformándose en inusual para la estimación que se pretende realizar.

En definitiva se pretende, tomar un Yt-1 "Proxy" que tenga correlación con el Yt-1 original correlacionado con u, para que este nuevo Y t-1 no esté correlacionado con el error (u).

Debemos establecer, en primera instancia, la *prueba de estacionalidad*. Para eso debemos utilizar la prueba de Dickey y Fuller (D-F) que testea la existencia de raíz unitaria (Ho) contra la hipótesis alternativa de que no existe tal raíz.

Ho: $\emptyset$= 0   Ho: p= 1
H1: $\emptyset$ es menor a 0   Ho: p es menor a 1

Si rechaza la existencia de raíz unitaria, la serie es estacionaria.

Tanto la utilización de D-F como el Test de Phillips-Perron (PP) son los utilizados para afianzar el análisis mencionado.

Por otra parte el desarrollo del Test KPSS (Kwiatkowski, D, PCB. Phillips, P Schmidt, y Y Shin) contrasta la existencia de estacionalidad.

Ho: es estacionaria y H1: es no estacionaria.

Esta introducción de conceptos de análisis es necesaria para la interpretación y profundización del **Anexo II,** para de esa forma poder comprobar que, ante políticas económicas con determinado equilibrio, se desprende que la Curva de Phillips puede ser utilizada en la realización de profundos estudios del comportamiento económico-social.

Últimos comentarios y conclusiones

Un comportamiento uniforme en dos períodos diferentes.

Este es el parámetro que explica la paradoja de la Curva de Phillips en el estudio presentado.

El estudio referente en el **Anexo II** permite contemplar que las diferentes políticas aplicadas en gobiernos de igual tendencia económica, en diferentes períodos de tiempo, sirven para respaldar el estudio de Phillips en países en crecimiento como el nuestro.

Los desequilibrios e inestabilidades continuas producen deformaciones en el comportamiento de la curva, pero no sirven para demostrar su inutilidad en el proceso de análisis de los datos utilizados en la misma para definir cuáles han sido los mecanismos que han perjudicado claramente la evolución del salario y la desocupación, variables que forman parte de los instrumentos utilizados en el desarrollo económico.

De aquí surge un interrogante.

¿La deformación del ciclo económico internacional a principios de la década del 70 es algo que puede afianzar la no utilización de la Curva de Philips?

Más allá de converger en una discusión sobre la fortaleza o debilitamiento de cualquier estudio referente a principios de orden económico-social como es el caso de la Curva de Phillips, es necesario analizar el desarrollo de etapas donde los campos de aplicación de lineamientos económicos presentan argumentos de continuidad relativamente elocuentes a determinados parámetros de conducción política.

Al igual que en nuestro país, como fiel reflejo del cambio mundial, el estudio de Phillips tiene un camino de resultados elocuentes ante los principios fijados originalmente. Pero las distorsiones sufridas en el contexto macroeconómico tampoco dejan aislados parámetros de discusión permanente.

En nuestro país, la irrupción sucesiva de gobiernos constitucionales, con la debilidad de los mismos en la sucesión de los planes adoptados en cada oportunidad, hace imposible precisar definiciones en cualquier estudio, no sólo en el referente a la Curva de Phillips.

En el contexto mundial se repiten las mismas consecuencias ante los cambios estructurales de la economía internacional.

Este panorama me otorga la posibilidad de simplificar la observación entre 1946 y 1975, aun con el agregado del período 2002-2004, el cual aunque tenga un importante aumento del salario nominal, no presenta una gran disminución de la desocupación debido a la gran crisis suscitada por el quiebre del plan de convertibilidad asumiendo los costos de su reversión entre los cuales se destaca la caída del salario en términos reales y la baja del PBI, con el cambio posterior de la política económica registrado a partir de julio del 2003.

Este período es importante a propósito de los cambios ocurridos, útil para afianzar la modalidad utilizada en la unión de políticas acordes a una tendencia. Se puede afirmar que la continuidad de una determinada política económica permite sostener que el comportamiento de la curva es homogéneo.

Luego de los condicionantes nuevos en el contexto internacional y antes de plantear los resultados en Argentina, es necesario mencionar interrogantes sobre la versión monetarista.

Los estudios de Friedman y Phelps posicionaron definiciones de un equilibrio natural de desempleo, pero si el objetivo es bajarlo el país se enfrenta a un proceso de ampliación de la demanda –generando procesos inflacionarios con mayor nivel de ocupación de hombres trabajando, pero con inflación continua–.

Para reducir la tasa de inflación es necesario contraer el crecimiento, generando una desocupación más alta, hasta alcanzar el nivel de equilibrio.

Se debe resaltar que bajo este planteo se estudia la Curva de Phillips para un mercado de trabajo caracterizado por oferentes y demandantes atomizados, tomadores de precios y sin capacidad de fijar por sí mismos el precio del trabajo.

La propia curva no toma en cuenta dicha variable, ya que se basa en un mercado laboral competitivo, por lo cual el aumento del salario era consecuencia directa del exceso de demanda, pero al mismo tiempo tampoco excluye que los mayores aumentos de salarios sean resultado de la acción sindical.[23]

La realidad social muestra que un mercado de trabajo asume características muy distintas a las que rigen para los bienes en general. Reflejando la situación planteada entre 2001 y 2004, el salario es fijado generalmente a través de convenios que también están atados a circunstancias de variados matices y se alejan de la atomización mencionada.

Los sindicatos tratan de utilizar su mayor poder de negociación en períodos cercanos al pleno empleo, conscientes de que los empresarios están temerosos de perder el costo de oportunidad que significan los beneficios sacrificados en conflictos salariales. El Estado incursiona en los pactos mencionados según la continuidad política vigente.

---

[23]   *Op. cit.* supra, nota 5.

Los estudiosos de costos pueden sostener que los sindicatos, insatisfechos por los problemas y comportamientos de la economía no resueltos, demandan aumentos salariales, que en general son aceptados y no transferidos a los precios en forma directa, sino paulatinamente y a niveles que representan los costos reales de los mismos, siempre que se sostengan acuerdos con los principales sectores económicos, en base a políticas definidas por el gobierno en períodos de altos niveles de demanda y reducida desocupación. Dichas situaciones se contraponen a períodos en que prevalecen las condiciones contrarias, principalmente donde no se identifica un peso significativo de la política sustentada.

El gobierno cumple funciones específicas dentro de estos parámetros en el accionar económico.

En base a lo expresado anteriormente, una de las opciones más fuertes que sostiene la corriente monetarista respecto al mantenimiento de la tasa de desocupación por debajo del nivel de equilibrio es que en un país acelere continuamente la tasa de inflación interna.

Esto no es así: si bien existe una tendencia de variación de precios, los mismos son perfectamente observados por el accionar de la política estatal donde los condicionantes políticos internos están adaptados según las concluyentes variaciones de la política internacional. La actividad del Estado a través de instrumentos fiscales presenta acciones indispensables en el accionar económico y por ende en los precios internos.

Como ejemplo de esta situación, en términos simplistas respecto al planteo de Friedman, Robert Solow señala: partiendo de una situación en la que la tasa de desempleo se corresponde con la tasa natural, y la tasa de variaciones de precios se ha mantenido estable por un largo período de tiempo, y suponiendo además que el gobierno aumenta la demanda global y consecuentemente la tasa de inflación sube al 2% anual, a la cual el gobierno procura mantener a ese nivel, en este caso, según Friedman, la tasa de desocupación cae durante un período de 2 a 5 años, para luego volver hacia la tasa natural de desempleo. Pero si la tasa de inflación (2%) es constante y mantenida por el gobierno, o sea es anticipado el proceso inflacionario, para Friedman puede requerir un par de décadas volver a la tasa natural de desocupación. ¿Cuál sería la reacción de los políticos ante un economista que les sugiriera no aumentar la tasa de salarios y reducir la desocupación porque luego de 20 años podrá apreciar que era equivocado ese planteo de política económica?[24]

Los fundamentos teóricos sostenidos por la escuela monetarista donde la desocupación era casi fija y no importaba la variación salarial, comenzaron también a desmoronarse ya que las expectativas inflacionarias en el entorno mundial en la década siguiente (70/80) superaron los límites hasta el momento tomados.

Se argumenta que la fuerte aceleración de precios, que exhiben la mayoría de países desarrollados, tenía su origen en la política fiscal de los EE.UU. en 1966/1967 (guerra de Vietnam y programa contra la pobreza).

"La expansiva política fiscal dio lugar a fuertes presiones de demanda en el resto del mundo desarrollado debido a que se operó en un contexto de tipo de cambio fijo con respecto a EE.UU. El efecto combinado de presiones excesivas de demanda y tipo de cambio fijo llevó a convalidar en el resto del mundo esa mayor demanda y consiguientemente a acelerar la tasa de inflación".[25]

Los estudios empíricos fueron mostrando un cambio más radical, hasta exhibir una correlación positiva: más

---

[24]   Solow, R., *Price Expectations and the Behavior of the Price Leve*, citado en ibid.

[25]   *Op. cit.* supra, nota 6.

inflación, más desempleo. El posicionamiento vertical de la curva quedaba fuera de presentación.

La realidad en la Argentina es paradojal; a pesar de que existe una permanente desestabilización ocasionada por los sucesivos desencuentros políticos, se puede observar una tendencia a coincidir en mayor magnitud con el posicionamiento negativo de la curva, según el peso histórico de la corriente 1976-2004 que ha mantenido esa dirección en el período total analizado.

El mantener la inflación a niveles relativamente estables implica el aumento de la demanda, con la consiguiente recuperación de los puestos de trabajo, con determinados incrementos de los salarios nominales que permiten restablecer lo perdido anteriormente.

La inestabilidad política de mantener estos condicionantes ha marcado el período 1946-1975. En países no desarrollados con distintos períodos económicos estables –en general–, el equilibrio interno siempre ha sido conflictivo con el equilibrio externo, ya que en varias oportunidades alcanzar el equilibrio de la balanza de pagos ha requerido pagar un precio en cuanto a desempleo y regresión distributiva.

Esto es la causa del funcionamiento de ciclos de crecimiento que luego, y llegado el momento de límites específicos de inversión continua, retroceden limitando la oferta para de esa forma comenzar procesos de respuesta por parte del empresariado y del consumidor dicotómicos y lejanos que no han permitido fortalecer el comportamiento original de la Curva de Phillips.

La prueba econométrica realizada en tiempos de cierta continuidad política en el primer y segundo período analizado, 1945-1955, 1973-1975, 2002-2004, permite observar que la relación entre el nivel de empleo y la inflación salarial tiende a ser estable como resultado de la continuidad de la política aplicada.

Según las perspectivas de la acción política en el mediano plazo, los obreros y empresarios están en condiciones de elaborar un modelo intuitivo que les permita predecir con certeza la tasa esperada de inflación.

Las expectativas inflacionarias pueden ser distintas para cada sector; pero tanto los empresarios como los trabajadores prevén el salario real y toman como factor de cálculo la situación actual del mismo, proyectado al mediano plazo sin diferencias sustanciales en las técnicas ni en los tiempos de convalidación del valor real de los movimientos de salarios nominales.

La variación salarial presenta perfiles casi simétricos respecto de la ocupación. En épocas de crecimiento, se observan aumentos de la ocupación y, por consiguiente, incrementos de los salarios nominales. En momentos de desocupación, la variación salarial es más resistente a la disminución. El accionar sindical se puede observar nítidamente.

La participación del salario en los costos de cada empresa, de cada sector, no permite afirmar una elevación de los mismos en magnitudes que justifiquen el traslado automático a precios con porcentajes que superan ampliamente los ascensos otorgados.

Los niveles de equilibrio entre incremento de la demanda, vía aumento salarial, y las expectativas referentes a nuevas inversiones están sujetos principalmente al comportamiento que permita ampliar el espectro productivo.

Pero esas inversiones quedan supeditadas principalmente a las perspectivas y credibilidad del espectro social y las políticas económicas aplicadas sobre la base de fundamentos ideológicos llevados a cabo en el mediano plazo.

De esta forma se estaría planteando el crecimiento de precios actual y el futuro inmediato de los mismos.

La fortaleza política y el análisis de las variables macroeconómicas que permitan sostener este andamiaje para afianzar el plan conjuntamente con la confianza o desconfianza de la inserción del Estado en la economía pasan a ser los temas de mayor incidencia.

Todos los condicionantes teóricos se transforman en una serie de interrogantes respecto a cuáles de las diferentes variables realmente juegan un papel en confirmar o no la simplicidad del estudio de Phillips y cómo lo hacen.

Ahora bien, si la inflación es mantenida dentro de los límites que permiten el crecimiento sin planteos contraproducentes, tiene valor la crítica de Solow, respecto a la concepción del monetarismo sobre la Curva de Phillips.

En el largo plazo es necesario plantear políticas económicas por las cuales pueda ser posible predecir los niveles de inflación, como una necesidad para ejercer acciones efectivas sobre esas predicciones tratando de mantener o aumentar los ingresos reales.

En este punto es importante analizar la distribución del ingreso ya que es posible que un grupo social sufra de ilusión monetaria pero en los hechos se vea obligado a actuar como si en realidad estuviese afectado por dicha ilusión, dado que su limitada capacidad de acción política y económica le impide evitar los efectos negativos que tiene un cambio desfavorable en los precios relativos sobre su participación en el ingreso.

Roy Harrod ha establecido una relación directa con las causas sociológicas de inflación y precios. "La inflación no depende de la situación ocupacional en el mercado de trabajo, sino que recibe su mayor impulso de la existencia para diferentes grupos sociales de objetivos incompatibles sobre lo que constituye una aceptable distribución del ingreso así como el distinto poder de dominio de cada grupo social sobre el mercado de bienes y servicios. En consecuencia para esta posición extrema la independencia de la tasa de inflación del nivel de exceso de demanda sugiere que la política monetaria debe cumplir un rol pasivo".[26]

Contrariamente a lo sostenido por Friedman, la tensión social, que a su vez puede tener origen en objetivos conflictivos sobre la distribución del ingreso y la riqueza, y que se manifiesta en una mayor presión sindical, es la causa y no la consecuencia de la variación salarial.

No necesariamente debemos concluir que la variación salarial deba ser atribuida a la acción sindical. Generalmente esto da lugar a la concepción de que la inflación dependerá de la acción errónea de los empresarios para trasladar a los precios el aumento salarial a fin de mantener constantes los márgenes de ganancias.

Esto representa una falta de estudios relativos de costos que demuestren que el peso específico de los salarios, según la representatividad de la mano de obra en la producción, es comúnmente ajeno a la incidencia de aquellos en el proceso inflacionario.

Los sucesivos planes estabilizadores de la economía argentina se han caracterizado por un comportamiento dividido en diferentes caminos. Su necesidad se ha gestado por gran desnivelación de los precios relativos de la economía, producida principalmente por el fracaso de las políticas sustentadas. El efecto sobre factores de producción se identifica claramente a través del comportamiento que cada uno de ellos ha sufrido en las sucesivas etapas.

En primera instancia, el problema ha sido la falta de definición de un plan económico sustentable que continuara luego del planteo de desestabilización política.

El desarrollo económico-social permite observar el cambio de lineamientos seguidos y la debilidad política de los sucesivos gobiernos democráticos después del golpe de 1955, lo cual es un frágil sustento para marcar un camino

---

[26]   *Op. cit.* supra, nota 5.

de continuidad económica que permitiera establecer un rumbo de crecimiento permanente. La fuerte influencia de variables exógenas provenientes de variados ciclos caracterizados desde la crisis del 29 a escala internacional ha tenido gran significación.

Los planes de índole monetarista presentan grandes desfasajes y debilitamiento del poder adquisitivo del salario a través de amplios porcentuales de desocupación, temas que representan variables contradictorias para lograr el crecimiento real de la economía.

Si bien la influencia y la alta sensibilidad de variables exógenas en los resultados de la curva son definitorias en la misma, no se puede descartar que la compatibilidad del crecimiento esté, sobre todo en los países en desarrollo, relacionada con una variación de precios relativos que conforman los procesos políticos y económicos de cada época.

Se puede observar que en las etapas analizadas el crecimiento real de la economía en la primera (1946-1975) supera ampliamente a la segunda (1976-2004). El salario mantuvo determinados niveles de compra mucho más estables que en la etapa dominada por la economía neoliberal. La voluminosa caída de la desocupación, emparejada con el alza del salario observado en el resultado del **Anexo II**, permitió mostrar una clara pendiente negativa de la Curva de Phillips.

La paradoja se identifica por el hecho de que en las épocas de un crecimiento económico en el mediano y largo plazo no se puede mostrar niveles definitorios de la curva, excepto a través de la consideración de etapas con determinadas reglas, que a pesar de la continua debilidad política incluida en el último año de medición, 1975, han demostrado la alternativa de constancia en el comportamiento del salario y la desocupación iguales al estudio original y a la segunda etapa del presente estudio (1976-2004).

Evidentemente las debilidades y fortalezas políticas influyen notoriamente en el comportamiento económico, limitando los análisis que pretenden marcar caminos de evolución según el accionar de determinadas variables que indefectiblemente responden a la lógica actuación de los agentes económicos más allá de reglas teóricas prefijadas.

Los nuevos estudios sociológicos destacan la reformulación del estudio de las clases sociales, los motivos por los cuales se van formando según las características que la evolución económica de cada país va gestando.

Pero este mecanismo no responde a comportamientos uniformes de las reglas o parámetros económicos, sino más bien a la respuesta que a través del tiempo se va formando según la evolución de un "capital de conocimiento" que permite visualizar a quienes detectan ese capital y a los que aspiran a poseerlo.

En definitiva la Curva de Phillips es un parámetro razonable para medir la política económica encarada por cada gobierno y de esa forma poder cumplir con los objetivos de crecimiento. Lo cual representa la introducción a los derechos económicos, sociales y culturales en los cuales el Estado debe asumir la responsabilidad principal.

Bibliografía

Amartya, Sen, selección de *Economía del crecimiento*, FCE, México, 2001.

Alcides, José L., *Monetarismo vs. Keynesianismo, el debate sobre la efectividad de la política económica*. Análisis Económico, Vol. III, N° 2, Buenos Aires, 1984.

Altimir, Oscar, Beccaria, Luis, González Rozada, Martín, "La Distribución del Ingreso en Argentina, 1974-2000", *Revista de la CEPAL*, N° 78, Argentina, 2002.

Banco Central de la República Argentina, *Relevamiento Estadístico de la Economía Argentina 1900-1980*, BCRA, Republica Argentina.

Barro, Robert, Grill, Victorio, *Macroeconomía, Teoría y Política*. Mc Graw-Hill, España, 1997.

Bethell, Tom *The noblest of Triunph*. Capítulo 13: "¿Por qué no se ha desarrollado el mundo entero?", traducción de A. Rivero, Internet.

Blinder, Alan, Solow, Robert, *¿Importa la política fiscal?*, Univ. Princeton/ Inst. Massachussets, EE.UU.

Brodersohn, Mario, *La Curva de Phillips y el conflicto entre el empleo la estabilidad de precios en la economía Argentina 1964-1974*, Buenos Aires, 1975.

Bunge, Alejandro, *Una nueva Argentina*, Hispanoamérica, Buenos Aires, 1984.

Burkun, Mario, *Recursos y espacio social*, Caligraf, Buenos Aires.

Burkun, Mario, Vitelli, Guillermo, *La búsqueda de un paradigma. Grados de libertad de la política económica argentina*, Prometeo, Buenos Aires, 2005.

García Canclini, Nestor, *Diferentes, desiguales y desconectados, Mapas de la interculturalidad*, Gedisa, España, 2004.

Cárcamo Manna, Leandro, *El salario mínimo en la Argentina, evolución, alcance y efectos* 1980-1997, Internet.

Cepal, *El desarrollo económico de la Argentina*, México, 1959.

Conesa, Eduardo, *Macroeconomía y política macroeconómica*, Macchi, Buenos Aires, 2002.

Cortina, Rubén, Godio, Julio, Rizzi, Sergio, Robles, Alberto, *La incertidumbre del trabajo. ¿Qué se esconde detrás del debate por la estabilidad laboral en Argentina?*, Corregidor, Buenos Aires, 1998.

Chudnovsky, Daniel, López, A., *La nueva inversión extranjera directa en la Argentina, privatizaciones, mercado interno e integración regional*, Cenit, Buenos Aires, 1994.

Dirección Nacional de Programación Macroeconómica, Secretaria de Política Económica, sobre la base de información del Sistema Integrado de Jubilaciones y Pensiones provisto por AFIP. Buenos Aires.

Del Valle Gulli, Isabel, *Fluctuaciones en el PBI y en la tasa de desempleo de la República Argentina*, XXXIX Reunión Anual de la Asociación Argentina de Economía Política, Universidad Empresarial, Siglo XXI, Buenos Aires, 2004.

Di Tella, Torcuato, Germani, Gino, *Argentina sociedad de masas.*, Editorial Universitaria de Buenos Aires, Buenos Aires, 1965.

Dorfman, Adolfo, *Historia de la industria argentina*, Ediciones del Solar, Buenos Aires, 1970.

Dornbusch, Robert, Stanley, Fischer, *Macroeconomía*, Mc Graw Hill, Buenos Aires, 2000.

Fernández López, *Historia del pensamiento económico*, AZ, Buenos Aires, 1998.

Ferrer, Aldo, *Vivir con lo nuestro*, El Cid Editor, Buenos Aires, 1983.

FIDE, *Mejorar los salarios: prioridad social y palanca del desarrollo*, No 290, Argentina, 2004.

Figueroa, E., Morales, R., *El perfil exportador de la Argentina*, Consejo Profesional Ciencias Económicas, Argentina, 1997.

Friedman, Milton, *The Role of Monetary Policy*, American Economic Review, EE.UU., 1968.

Fischer, Irving, *A statistical relation between unemployment and price changes* [1926], publicado como "I discovered the Phillips Curve", *International Labor Review de Ginebra*, EE.UU., 1973.

Conesa, Eduardo, *Macroeconomia y Politica Macroeconomica*, Macchi, Buenos Aires.

Fischer, Stanley, Dornbush, Rudiger, *Economics*, MacGraw Hill Internacional, 1983.

Fundación Capital, *La recomposición salarial... en la industria no implica riesgo inflacionario*. Fundación Capital, Buenos Aires, 2004.

Galindo, Martín, Bernardino, A., *La Teoría de la política fiscal diversos enfoques*. Dykinson, Argentina, 1990.

García, Raúl, Arnaudo, Aldo, Arrufat, José L., Sánchez, Carlos, *Tipología del desempleo en la Argentina 1950-1984*, Reunión Anual de la Asociación Argentina de Economía Política, 21, Salta, Publicado en *Económica*, Año 32, N° 2, Argentina, 1986.

González, Mariana, *Los Salarios en Argentina. Una perspectiva de largo plazo*, XXIV Congreso de Asociación Latinoamericana de Sociología: "América Latina por un desarrollo alternativo", noviembre de 1993. Presentación en Perú.

González, Mariana, *Fuentes de información sobre salarios, metodología y series*, Centros de Estudios sobre Población, Empleo y Desarrollo (CEPED, UBA), Buenos Aires, Argentina, Marzo 2004.

Gordon, Roberto, "¿Qué es la nueva economía keynesiana?", *Journal of Economic Literature*, Vol. XXVIII, Nortwestern University, EE.UU, Septiembre 1990.

Gujarati, Damodar, *Econometría*, Mc Graw Hill, México, 2003.

Harrod, Roy, "The Issues; Five Views", en Hinshaw, R., *Inflation as a global problem*, Johns Hopkins Univ. Press, Londres, 1972.

Hermoso, Hernán, *La inflación: causas, costos, políticas de estabilización, el caso argentino*, econlink.com.ar, Buenos Aires, 2002.

Instituto Nacional de Estadísticas y Censos (INDEC):

Mercado de trabajo: principales indicadores del aglomerado Gran Buenos Aires, Bs.As, Argentina, 2003.

El mercado laboral en cifras. Total urbano en miles de personas, p. 62, Fuente: M&S Consultores en base al INDEC, Argentina.

Mercado de trabajo: principales indicadores. Resultados trimestrales: 2 trim. y 1 sem. de 2004, 2 trim. y 1 sem. de 2005.

——*Total de aglomerados urbanos desde 1974 en adelante*, Argentina, 2003.

Índice de salarios básicos de convenio de la industria y la construcción. Personal no clasificado base 1988=100. Promedio General, Argentina, 2005.

Evolución de la población total, según censos nacionales Total del país 1869-2001, Argentina, 2001.

Keynes, John, *Teoría general de la ocupación, el interés y el dinero*, FCE, Buenos Aires, 1981.

López de Garnica, Elizabeth, *La política económica y la expectativas racionales,* Facultad de Ciencias Económicas y Sociales, Universidad de los Andes, Revista Económica, N° 2. Argentina, 1988.

Ministerio de Economía y Obras y Servicios Públicos, Secretaría de Programación Económica, *Cuentas nacionales. Oferta y demanda globales 1980-1995*, Argentina, Septiembre 1996.

Monza, Alfredo, *La cuestión ocupacional argentina*, CGI, Buenos Aires, Argentina, 1989, p. 82. Especialmente, "Evolución de la población y la PEA".

O'Connell, A., "La Argentina en la depresión", *Desarrollo Económico*, N° 92, Buenos Aires.

Pérez Enrri, Daniel, Blanchard, O., *Macroeconomía: teoría y política económica con aplicación en A. Latina*, Prentice Hall, Buenos Aires, 2000.

Pérez Enrri, Daniel, *Economía en el pensamiento, la realidad y la acción*, Macchi, Buenos Aires, 2000.

Rapoport, Mario, *Historia económica política y social de la Argentina*, Macchi, Buenos Aires, 2000.

Rojo, Luis, "Sobre el estado actual de la macroeconomía", *Revista de Economía Política, Pensamiento Iberoamericano*, N° 1. Enero-Junio 1982.

Salvia, Agustín, Donza, Eduardo, *Cambio estructural y desigualdad social. Ejercicios de simulación sobre la distribución de ingreso*, 1990-2000.

Samuelson, Paul, Solow, Robert, *Analytical Aspects of Anti-Inflationary Policy American Economic Review*, Estados Unidos, 1960, en Brodersohn, Mario, "La Curva de Phillips y el conflicto entre pleno empleo y estabilidad de precios en la economía argentina 64-74", Instituto Torcuato di Tella, Buenos Aires, 1975.

Schvarzer, Jorge, *Economía Argentina situación y perspectivas*, La Gaceta Económica Buenos Aires, UBA, Noviembre 2001.

Solow, Robert, *Price Expectations and the Behavior of the Price Level*, Manchester University Press, Estados Unidos, 1969, en Brodersohn, Mario, "La Curva de Phillips y el conflicto entre pleno empleo y estabilidad de precios en la economía argentina 64-74", Instituto Torcuato di Tella, Buenos Aires, 1975.

Sourroville, Luis, Kosacoff, Bernardo, *Transnacionalización y Política Económica Argentina*, Cet, Buenos Aires, 1985.

Stock, JH. and Yogo, M., *Testing for Weak Instruments in Linear IV Regression*, NBER Techical Working Paper 284, 2002.

Urbisaia, Heriberto, Brufman, Juana,.*Análisis de Series de Tiempo. Univariadas y Multivariadas*, Ediciones Cooperativas, Argentina, 2000.

UADE, *Cuadernos Uade 4. Estadísticas de Argentina. 1913-1990*, UADE, Buenos Aires, 1993.

UADE, *Remuneración promedio de los puestos de trabajo*, por sector de actividad promedio mensual en miles, Argentina, 2005.

Vitelli, Guillermo, *Cuarenta años de inflación en la Argentina*, Legasa, Buenos Aires, 1986.

Vitelli, Guillermo, *Las lógicas de la Economía Argentina*, Prendergast, Buenos Aires, 1990.

Vizcaíno García, Carlos, *Derecho Tributario*, Desalma, Buenos Aires, 1996.

ANEXO I

Períodos	1) Variac. % Índice: Salario Nominal Básico de Convenio Per. No Calificado. Desarrollo de Anexos pag 38 cuerpo central. Base de Datos Anexo I	2)Tasa de Desocupación: Desarrollo de Anexos pag 38 cuerpo central. Base de Datos Anexo I	3) Variable Dummy 1989 y 1990 =1. En caso de separación de fechas 1 en 1975 primera etapa. En seg. etapa 1989-1990.	4) Variación % de Importaciones. (BCRA a precios de 1993. UADE)	5)Tasa de variación del TC. Nominal, (BCRA, UADE, FIDE).
1945		8,8%	0		
1946	13,5%	8,4%	0	85,4%	0,2%
1947	28,4%	7,9%	0	98,6%	1,5%
1948	43,0%	6,7%	0	1,8%	10,8%
1949	28,4%	5,8%	0	-29,2%	54,1%
1950	19,1%	5,5%	0	-15,1%	67,8%
1951	19,6%	3,2%	0	67,7%	36,5%
1952	28,2%	6,9%	0	-26,3%	48,5%
1953	4,4%	5,2%	0	-18,0%	-3,4%
1954	17,3%	5,3%	0	31,1%	-1,7%
1955	2,9%	4,9%	0	20,7%	12,1%
1956	37,0%	6,6%	0	-10,6%	20,5%
1957	2,5%	4,7%	0	11,5%	16,6%
1958	46,7%	3,9%	0	4,1%	11,5%
1959	69,6%	6,3%	0	-11,0%	26,5%
1960	18,1%	7,5%	0	23,1%	59,3%
1961	24,1%	8,6%	0	18,5%	3,8%
1962	25,0%	7,6%	0	-3,9%	0,1%
1963	26,0%	10,4%	0	-22,4%	39,9%
1964	30,9%	9,8%	0	16,0%	19,5%
1965	35,9%	9,4%	0	-0,5%	13,4%
1966	33,4%	8,9%	0	-3,7%	55,1%
1967	29,8%	6,6%	0	2,6%	-0,7%
1968	4,7%	5,4%	0	3,1%	40,1%
1969	10,0%	2,3%	0	24,6%	-1,2%
1970	17,8%	2,6%	0	-0,9%	4,8%
1971	37,9%	2,8%	0	7,0%	10,0%
1972	46,4%	3,3%	0	-10,4%	59,1%
1973	74,6%	3,2%	0	-18,0%	87,7%
1974	31,2%	4,2%	0	27,1%	-2,1%
1975	171,3%	2,5%	0	5,5%	44,0%
1976	213,0%	4,7%	0	-24,1%	368,7%
1977	108,4%	3,3%	0	29,0%	703,5%
1978	79,1%	3,8%	0	-12,9%	64,9%
1979	156,6%	2,1%	0	41,2%	96,6%
1980	144,5%	2,3%	0	34,6%	65,4%
1981	132,8%	4,1%	0	24,2%	39,4%
1982	192,8%	5,6%	0	-40,9%	211,4%
1983	547,0%	5,3%	0	-3,7%	352,7%
1984	665,7%	4,2%	0	2,6%	305,9%
1985	450,9%	5,4%	0	-9,1%	543,3%
1986	109,9%	4,8%	0	19,3%	786,6%
1987	112,1%	5,4%	0	6,5%	57,1%
1988	322,8%	6,4%	0	-10,6%	127,7%
1989	2451,2%	7,9%	1	-19,6%	307,4%
1990	2488,2%	9,3%	1	-5,4%	4289,6%
1991	148,5%	6,8%	0	-39,6%	1169,7%
1992	11,1%	6,8%	0	62,0%	95,6%
1993	8,7%	10,6%	0	51,2%	3,8%
1994	11,4%	11,1%	0	21,8%	0,8%
1995	2,8%	20,3%	0	-10,1%	0,0%
1996	0,1%	18,2%	0	17,3%	0,1%
1997	0,0%	16,9%	0	26,8%	-0,1%
1998	0,0%	14,0%	0	8,7%	-0,0%
1999	0,0%	15,7%	0	-11,3%	0,0%
2000	0,0%	15,9%	0	0,0%	0,2%
2001	0,0%	17,3%	0	-14,4%	-0,2%
2002	0,0%	22,0%	0	-49,9%	0,5%
2003	13,6%	16,3%	0	38,2%	215,0%
2004	52,6%	13,8%	0	39,4%	-5,9%

Períodos	6) Codigos "Pe": Políticas Aplicadas: *1946-04: 1946-75 (1) y (0) desde 1976-2004.**1946-75: 1946-65 (1) y (0) desde 1966-75 .*** 1976-04: (0) 1976-2002 y (1) 2003-04	7) Var.% PBI a precios 1993=100 Desarrollo de Anexos pag 38 cuerpo central. Base de Datos Anexo I	8) Producto de "Pe" x PBI: en cada periodo 1946-1975 y 1976-2004 ((1) 2003-04)	9)"Pe" xPBI: 1946-2004: (1) 1946-75//(0) 197604	10) Var% Índice de Costo de vida empalme base 1999=100 INDEC	Tasa de Actividad. Entre la PEA y la Población Total. INDEC (Mdo de TR) Datos de G BsAs, (Cdad de BsAs y Partidos Conurbano) Abril / mayo de cada año. 2004 ultimo semestre
1945	1					45,6%
1946	1	8,9%	8,9%	8,9%	17,6%	45,3%
1947	1	11,1%	11,1%	11,1%	13,6%	45,0%
1948	1	5,5%	5,5%	5,5%	13,1%	44,8%
1949	1	-1,3%	-1,3%	-1,3%	31,1%	44,7%
1950	1	1,2%	1,2%	1,2%	25,6%	44,5%
1951	1	3,9%	3,9%	3,9%	36,7%	44,3%
1952	1	-5,0%	-5,0%	-5,0%	38,7%	44,1%
1953	1	5,3%	5,3%	5,3%	4,0%	44,0%
1954	1	4,1%	4,1%	4,1%	3,8%	43,9%
1955	1	7,1%	7,1%	7,1%	12,3%	43,7%
1956	1	2,8%	2,8%	2,8%	13,4%	43,6%
1957	1	5,2%	5,2%	5,2%	24,7%	43,3%
1958	1	6,1%	6,1%	6,1%	31,6%	43,1%
1959	1	-6,5%	-6,5%	-6,5%	113,7%	42,8%
1960	1	7,9%	7,9%	7,9%	26,6%	42,8%
1961	1	7,1%	7,1%	7,1%	13,7%	42,9%
1962	1	-1,6%	-1,6%	-1,6%	26,1%	41,1%
1963	1	-2,4%	-2,4%	-2,4%	26,0%	41,1%
1964	1	10,3%	10,3%	10,3%	22,1%	41,2%
1965	1	9,2%	9,2%	9,2%	28,6%	41,2%
1966	1	0,6%	0,6%	0,6%	31,9%	40,6%
1967	1	2,6%	2,6%	2,6%	29,2%	39,9%
1968	1	4,3%	4,3%	4,3%	16,2%	39,3%
1969	1	8,5%	8,5%	8,5%	7,6%	38,7%
1970	1	5,4%	5,4%	5,4%	13,6%	39,1%
1971	1	3,8%	3,8%	3,8%	34,7%	39,3%
1972	1	2,1%	2,1%	2,1%	58,5%	39,5%
1973	1	3,7%	3,7%	3,7%	60,3%	39,5%
1974	1	5,4%	5,4%	5,4%	24,2%	40,6%
1975	1	-0,6%	-0,6%	-0,6%	182,8%	40,6%
1976	0	-0,0%	0,0%	0,0%	444,0%	40,5%
1977	0	6,4%	0,0%	0,0%	176,0%	39,5%
1978	0	-3,2%	0,0%	0,0%	175,5%	39,6%
1979	0	7,0%	0,0%	0,0%	159,5%	38,9%
1980	0	1,5%	0,0%	0,0%	100,8%	39,2%
1981	0	-5,4%	0,0%	0,0%	104,5%	39,2%
1982	0	-3,2%	0,0%	0,0%	164,8%	39,1%
1983	0	4,1%	0,0%	0,0%	343,8%	38,0%
1984	0	2,0%	0,0%	0,0%	626,7%	38,4%
1985	0	-6,9%	0,0%	0,0%	672,2%	38,9%
1986	0	7,1%	0,0%	0,0%	90,1%	39,6%
1987	0	2,6%	0,0%	0,0%	131,3%	40,9%
1988	0	-1,9%	0,0%	0,0%	343,0%	40,4%
1989	0	-6,9%	0,0%	0,0%	3079,5%	41,9%
1990	0	-1,9%	0,0%	0,0%	2314,0%	40,9%
1991	0	10,6%	0,0%	0,0%	171,7%	40,9%
1992	0	9,6%	0,0%	0,0%	24,9%	41,4%
1993	0	5,7%	0,0%	0,0%	10,6%	44,2%
1994	0	5,8%	0,0%	0,0%	4,2%	43,4%
1995	0	-2,8%	0,0%	0,0%	3,4%	45,9%
1996	0	5,5%	0,0%	0,0%	0,2%	43,5%
1997	0	8,1%	0,0%	0,0%	0,5%	45,0%
1998	0	3,9%	0,0%	0,0%	0,9%	45,6%
1999	0	-3,4%	0,0%	0,0%	-1,2%	46,6%
2000	0	-0,8%	0,0%	0,0%	-0,9%	45,3%
2001	0	-4,4%	0,0%	0,0%	-1,1%	45,2%
2002	0	-10,9%	0,0%	0,0%	25,9%	44,0%
2003	1	8,8%	8,8%	0,0%	13,4%	45,5%
2004	1	9,0%	9,0%	0,0%	4,4%	45,7%

Períodos	PEA: Desarrollo de Anexos pag 38 cuerpo central. Base de Datos Anexo I	PEA: (%) Tasa de Crecimiento Anual: Desarrollo de Anexos pag 38 cuerpo central. Base de Datos Anexo I	Población Ocupada. Indec 74/03 Indec. 1947-1973. "Los Salarios en la Argentina" M. Gonzalez. En miles	Tasa de Empleo: Desarrollo de Anexos pag 38 cuerpo central. Base de Datos Anexo I	Población Desocupada: Desarrollo de Anexos pag 38 cuerpo central. Base de Datos Anexo I
1945	6950		6341	41,6%	609
1946	7051	1,5%	6457	41,5%	594
1947	7153	1,5%	6590	41,5%	563
1948	7257	1,5%	6768	41,8%	488
1949	7358	1,4%	6929	42,1%	430
1950	7461	1,4%	7053	42,1%	408
1951	7566	1,4%	7321	42,9%	245
1952	7672	1,4%	7143	41,1%	529
1953	7784	1,5%	7383	41,7%	402
1954	7899	1,5%	7481	41,5%	418
1955	8015	1,5%	7623	41,6%	392
1956	8131	1,5%	7597	40,7%	535
1957	8229	1,2%	7846	41,3%	383
1958	8328	1,2%	8006	41,4%	321
1959	8428	1,2%	7900	40,1%	528
1960	8571	1,7%	7926	39,6%	645
1961	8716	1,7%	7971	39,2%	746
1962	8485	1,7%	7837	37,9%	648
1963	8629	1,7%	7730	36,8%	899
1964	8776	1,7%	7917	37,1%	859
1965	8925	1,7%	8087	37,3%	839
1966	8930	0,1%	8131	36,9%	799
1967	8934	0,1%	8345	37,3%	589
1968	8939	0,1%	8452	37,2%	487
1969	8943	0,1%	8737	37,8%	206
1970	9147	0,1%	8906	38,1%	241
1971	9352	0,1%	9093	38,2%	259
1972	9557	0,1%	9244	38,2%	313
1973	9742	0,1%	9431	38,3%	311
1974	10187	4,6%	9761	38,9%	427
1975	10371	1,8%	10115	39,6%	255
1976	10531	1,5%	10037	38,6%	494
1977	10456	-0,7%	10112	38,2%	344
1978	10671	2,1%	10267	38,1%	404
1979	10672	0,0%	10452	38,1%	219
1980	10956	2,7%	10704	38,3%	252
1981	11120	1,5%	10666	37,6%	454
1982	11258	1,2%	10625	36,9%	633
1983	11106	-1,4%	10521	36,0%	585
1984	11391	2,6%	10916	36,8%	475
1985	11712	2,8%	11080	36,8%	632
1986	12102	3,3%	11521	37,7%	581
1987	12687	4,8%	12004	38,7%	682
1988	12720	0,3%	11901	37,8%	819
1989	13390	5,3%	12335	38,6%	1055
1990	13266	-0,9%	12034	37,1%	1233
1991	13340	0,6%	12427	38,1%	913
1992	13639	2,2%	12717	38,6%	922
1993	14709	7,8%	13145	39,5%	1564
1994	14589	-0,8%	12975	38,6%	1613
1995	15585	6,8%	12427	36,6%	3158
1996	14919	-4,3%	12210	35,6%	2709
1997	15589	4,5%	12957	37,4%	2633
1998	15957	2,4%	13717	39,2%	2240
1999	16471	3,2%	13891	39,3%	2580
2000	16174	-1,8%	13603	38,1%	2571
2001	16390	1,3%	13561	37,4%	2828
2002	16116	-1,7%	12563	34,3%	3553
2003	16833	4,5%	14096	38,1%	2738
2004	17078	1,5%	14724	39,4%	2354

Base de datos

*A) Sobre la base de los datos del INDEC "Índices de salarios de convenio de la industria y la construcción Personal No Calificado Promedio General", Enero 1974-Diciembre 2004. lo cual refleja la evolución de los salarios básicos de convenio colectivo de trabajo de acuerdo al informe otorgado por el Ministerio de Trabajo. Con empalme con "Los salarios en la Argentina", M. González, 1945-1975

*B) Según datos de la Dirección Nacional de Negociación Colectiva. Por cada convenio se consideraron dos categorías como representantes de las remuneraciones, la de personal calificado y no calificado, de las cuales esta última ha sido considerada en este trabajo. La mencionada serie es continuación de una anterior -disponible desde 1945- referida sólo a salarios industriales básicos fijados por convenio en la Capital Federal, por 8 gremios considerados los más representativos, con las categorías de obrero oficial y obrero peón.
Datos suministrados por el INDEC y otras fuentes, con el empalme de cada una.

*C) De acuerdo al Índice anterior se ha considerado el salario nominal promedio de la industria y la construcción referente al año 2003, suministrado por la Dirección Nacional de Programacion Macroeconómica, Secretaría de Política Económica, sobre la base de información del sistema integrado de jubilaciones y pensiones, provisto por AFIP.

*D) El salario real de la clasificación del tipo de personal tomado ha sido calculado sobre la base del Índice de Precios al Consumidor. El cálculo del Índice de salario real se ha realizado según la base 1998=100.

*E) El calculo poblacional fue realizado según las cifras de los censos realizados entre 1944-2004 y la evolución de población según la tasa media de crecimiento entre las mediciones de la poblacion.

*F) La PEA ha sido calculada según el % de la Tasa de Actividad y Población Total suministrada por el INDEC "Mercado de TR: Principales Indicadores del Aglomerado Gran Bs. As. La correspondiente a 1945-1973, suministrada por el INDEC; "La Cuestion Ocupacional Argentina", pág. 82, tasa de crecimiento anual promedio.

*G) El índice de población ocupada según información de prensa "Mercado de Tr principales indicadores del aglomerado Gran Bs. As. 1974-2003", 1947-1976, "Los Salarios en Argentina". "Una perspectiva de largo plazo", Mariana L. González

*H) La tasa de empleo consiste en el cálculo % entre la población ocupada y la población total abril-mayo de cada año.

*I) Los niveles de desocupación se han realizado por la diferencia entre PEA y población ocupada.

*J) La tasa de desocupación: cociente "poblacion desocupada y PEA". Base: INDEC según detalle punto F),G) y H) "Perspectiva de largo plazo".

*K) Variación % del PBI a precios 1993=100. Empalme con

50/60/70/86/93 BCRA / M Economía.

Anexo II

La relación entre la tasa de inflación y la tasa de desempleo en la Argentina. Diferencias con la economía política de períodos de tendencia peronista (EPP): 1945-1955, 1973-1975, 2002-2004.

La idea es analizar la relación entre la inflación (media a través de las variaciones del IPC) y la tasa de desempleo, entre los años 1945 y 2004, esto es analizar la Curva de Phillips en dicho lapso y distinguir o separar (estadísticamente hablando) los períodos de vigencia de la EPP de tal forma de establecer si dicha curva tuvo un comportamiento distinto durante ellos.

Los siguientes cuadros (Ilustraciones 1,2,3) estan confeccionados sobre la base de datos del Anexo 1 donde se describe la evolución de las variables de interés entre los años 1946 y 2004.

La construcción de las series tomadas en consideración se detalla en el desarrollo de "Datos y Metodología Aplicada".

Es factible dividir la estimación en tres etapas:

Con el fin de proceder a "distinguir" la EPP, en primer lugar, se construye una variable ficticia "pep" con las siguientes características: se le asigna el número "1" a los años 1945-1955, 1973-1975, 2002-2004 y "0" a los restantes.

Seguidamente se analiza el comportamiento de las series a través del tiempo, en particular se testea si son "estacionarias" o "no estacionarias" con el fin de:

- evitar trabajar con una regresión de tipo espurio,
- utilizar correctamente los test de hipótesis y
- trabajar con un modelo equilibrado.

Finalmente se procederá a analizar la relación entre la tasa de inflación y la de desempleo, según el siguiente modelo:

$infla_t = \_cons + des_t + pep + u_t$ (1)

$t = 1946,....,2004$

$inlfa_t$: es la tasa de inflación anual medida a través del IPC en el año t

des_t : es la tasa de desempleo en el año t

pep : es la variable ficiticia que le asigna el número

　　* "1" a los años 1946 - 1955, 1973 - 1975, 2002 - 2004 y

　　* "0" a los restantes

u_t : es el error aleatorio

Atento a que seguramente existen variables no observables que afectan tanto a "u" como a "des", se utilizará el **método de variables instrumentales, utilizando como instrumentos rezagos de la tasa de desempleo y la tasa de variación del PIB "varpbi".**[27] El uso de estos rezagos obedece, entre otras cosas, a la existencia de auto correlación entre los errores aleatorios.[28]

A continuación se testeará el comportamiento de las series:
A-1) *Tasa de inflación: "infla". dfgls infla*
Ho= p= 1, Raíz Unitaria (no estacionaria)
H1= p desigual a 1 (estacionaria)
Dickey-Fuller -GLS for infla　　**Number of obs = 48**
Maxlag = 10 chosen by Schwert criterion

En relación con la cantidad de observaciones de cada estimación, hay que considerar los rezagos o "lags" de las mismas. Estos eliminan observaciones. Lo cual es común al utilizar variaciones % (varpbi o tasa de inflación) sin

---

[27]　Al tener posible correlación entre "Des" e "Inflac".
[28]　La medida en que las observaciones pasadas inciden en las presentes.

afectar la definición. Stata Versión 9.2. es el programa para realizar las regresiones.

a)   DF-GLS tau **1% Critical** 5% Critical 10% Critical

[lags] Test Statistic Value   Value   Value

10	-2.019	-3.736	-2.709	-2.425
9	-2.109	-3.736	-2.762	-2.479
8	-2.105	-3.736	-2.818	-2.536
7	-2.153	-3.736	-2.875	-2.592
6	-2.139	-3.736	-2.933	-2.648
5	-2.346	-3.736	-2.989	-2.701
4	-2.339	-3.736	-3.043	-2.752
3	-2.819	-3.736	-3.093	-2.799
2	-3.187	-3.736	-3.138	-2.840
1	**-4.777**	**-3.736**	-3.177	-2.875

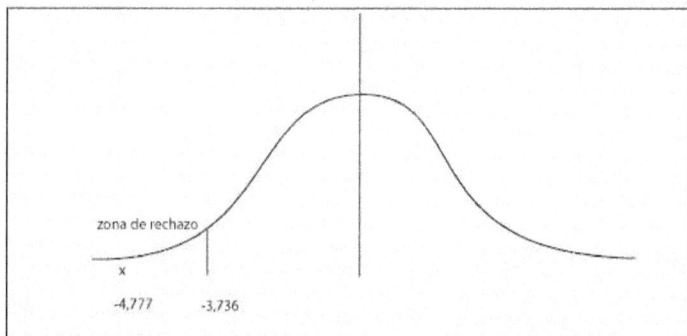

zona de rechazo

x

-4,777   -3,736

Se observa que con un alfa del 1%, es decir, con una certeza del 99 % se puede rechazar la hipótesis nula y observar un comportamiento estacionario de la inflación.

Opt Lag (Ng-Perron seq t) = 1 with RMSE 4.313649
Min SC = 3.084868 at lag 1 with RMSE 4.313649
Min MAIC = 3.800318 at lag 4 with RMSE 4.226974

dfgls infla, notrend (tendencia)

DF-GLS for infla   **Number of obs = 48**
Maxlag = 10 chosen by Schwert criterion

b) **[lags]**	DF-GLS mu Test Statistic	**1% Critical** **Value**	5% Critical Value	10%Critical Value
10	-1.671	-2.616	-2.032	-1.731
9	-1.781	-2.616	-2.050	-1.751
8	-1.820	-2.616	-2.071	-1.775
7	-1.896	-2.616	-2.096	-1.801
6	-1.918	-2.616	-2.123	-1.828
5	-2.124	-2.616	-2.151	-1.856
4	-2.151	-2.616	-2.180	-1.883
3	-2.606	-2.616	-2.207	-1.909
2	~~-2.980~~	~~-2.616~~	-2.233	-1.933
1	**-4.506**	**-2.616**	-2.256	-1.954

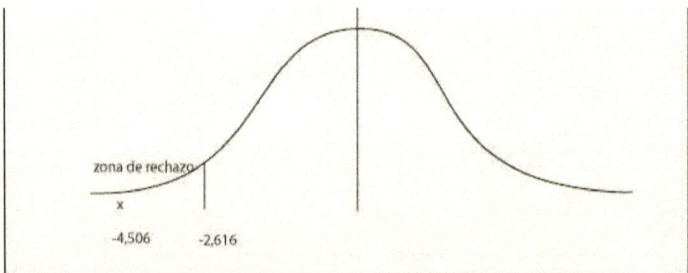

zona de rechazo
x
-4,506   -2,616

Opt Lag (Ng-Perron seq t) = 1 with RMSE 4.394656
Min SC = 3.122078 at lag 1 with RMSE 4.394656
Min MAIC = 3.618979 at lag 4 with RMSE 4.263334

A-2) KPSS inflación.

KPSS test for infla (Test KPSS (Kwiatkowski, D, PCB. Phillips, P Schmidt, y Y Shin)

Maxlag = 10 chosen by Schwert criterion
Autocovariances weighted by Bartlett kernel

Critical values for H0: infla is trend stationary

10%: 0.119 5%: 0.146 2.5%: 0.176 1%: 0.216

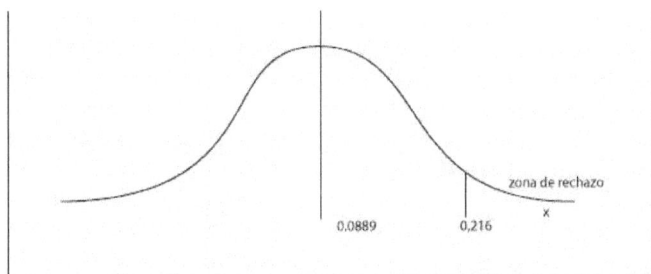

Lag order	Test statistic
0	.168
1	.111
2	.099
3	.0958
4	.0933
5	.09
6	.0873
7	.086
8	.086
9	.087
10	.0889

En el caso del Test KPSS, se acepta la hipótesis nula y se llega a la misma conclusión que con D-F. La serie es estacionaria también con un 99 % de certeza.

. kpss infla, notrend variable inlfa not found r (111);
. kpss infla, notrend

KPSS test for infla
Maxlag = 10 chosen by Schwert criterion
Autocovariances weighted by Bartlett kernel
Critical values for H0: infla is level stationary
10%: 0.347 5%: 0.463 2.5%: 0.574 1%: 0.739

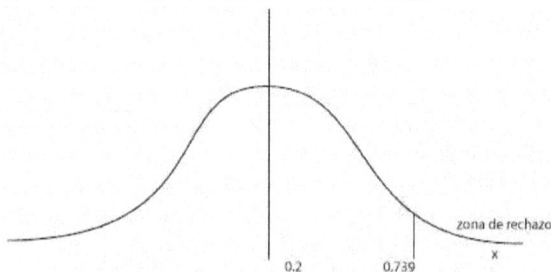

Lag order	Test statistic
0	.465
1	.302
2	.265
3	.251
4	.24
5	.227
6	.216
7	.208
8	.204
9	.201
10	.2

Como es posible observar **los test de Dickey-Fuller, con la serie transformada por mínimos cuadrados generalizados, para los modelos con constante y tendencia permiten rechazar la hipótesis nula acerca de la existencia de una raíz unitaria**. Otro tanto sucede con el test de Phillips-Perron cuando se testea el modelo sin constante ni tendencia.

Utilizando el test KPSS (Kwiatkowski, D., P.C.B. Phillips, P. Schmidt, y Y. Shin) en el cual la hipótesis nula es la existencia de una serie estacionaria, se arriba a similar conclusión.

B) Variación del PIB: "varpib"
pperron varpbi, noconstant notrend log(6)
**Phillips-Perron test for unit root   Number of obs= 58
                                            Newey-West lags= 6**

---------- Interpolated Dickey-Fuller ---------

	Test Statistic	1% Critical Value	5% Critical Value	10% Critical Value
Z(rho)	-42.114	-12.964	-7.732	-5.516
Z(t)	-5.554	-2.617	-1.950	-1.610

. pperron varpbi, noconstant notrend lag(2)

Phillips-Perron test for unit root   Number of obs = 58
                                        Newey-West lags = 2

```
---------- Interpolated Dickey-Fuller ---------
        Test       1% Critical  5% Critical  10% Critical
        Statistic  Value        Value        Value
----------------------------------------------------------------
Z(rho) -36.633     -12.964      -7.732       -5.516
Z (t)   -5.374      -2.617      -1.950       -1.610
```

La Ilustración 2 (variación anual PBI) indica que en este caso la variable debe ser testeada respecto de una serie sin constante y sin tendencia, los resultados indican que es factible rechazar la hipótesis nula relativa a la presencia de una raíz unitaria.

C) Tasa de desempleo: "des"

Los resultados comentados anteriormente no se verificaron para el caso de la variable "des", pero en este caso es dable observar en la Ilustración 3 (Evolución tasa de desempleo) la existencia de los que suelen denominarse cambios estructurales. Según comenta Patterson, **Perron**

demostró que si una serie es estacionaria alrededor de una tendencia, pero en ella se observan cortes de tipo estructural, es muy factible que los tests no rechacen, en forma incorrecta, la presencia de una raíz unitaria cuando en definitiva no la hay.

En nuestro caso observamos que en la serie "des" (desempleo) hay **dos picos de importancia en 1995 y en 2002 y que a partir de 1979** hay un cambio en la tendencia. Esto es, estaríamos en presencia de un cambio en el nivel y el "crecimiento" de la serie.

Aquí carecemos de valores críticos para formular hipótesis alguna, es necesario, en consecuencia, generarlos al igual que lo hizo Perron a través de las denominadas simulaciones de Monte Carlo.

Se simulará en consecuencia el siguiente modelo:

$$\Delta des_t = \_cons + \gamma\, des_{t-1} + \delta_1 p95 + \delta_2 p02 + \delta_3 tr79 + u_t \,(2)$$

Donde :

$p95 = 1$ si $t = 1995$ y $p95 = 0$ si $t \neq 1995$

$p02 = 1$ si $t = 2002$ y $p02 = 0$ si $t \neq 2002$

$tr79 = 1$ si $t > 1979$ y $tr79 = 0$ si $t <= 1979$

Los valores críticos para $\gamma = 0$, luego de 100.000 repeticiones resultaron ser:

	Valor Crítico al		
	1%	5%	10%
T= 60	-4.03	-3.39	-3.05

El modelo (2) que es nuestra hipótesis nula debe compararse con la siguiente alternativa, toda vez que se ha comprobado en (3) que los errores aleatorios no están correlacionados.

$$\Delta des_t = \_cons + \gamma\, des_{t-1} + \delta_1 p95 + \delta_2 p02 + \delta_3 tr79 + \beta t + u_t \ (3)$$
Donde :
$$t = 1,...,T$$

Los resultados obtenidos se reproducen a continuación:

reg d.des l.des t p95 p02 t

Source	SS	df	MS	
				Number of obs = 59
				F (4,54) = 14.71
Model	.014671399	4	.00366785	Prob > F = 0.0000
Residual	.013466533	54	.00024938	R-squared=0.5214
				AdjR-squared=0.4860
Total	.028137932	58	.000485137	Root MSE = .01579

D.des	Coef.	Std. Err.	t	P>|t|	[95% Conf. Interval]
des					
L1.	-.1995636	.0515453	*-3.87*	0.000	-.3029058 -.0962214
t	.0002023	.0001433	1.41	0.164	-.000085 .0004896
p95	.0966401	.0161467	5.99	0.000	.0642679 .1290122
p02	.0634631	.0166019	3.82	0.000	.0301783 .096748
_cons	.0071286	.0046426	1.54	0.131	-.0021793 .0164365

Atento a que –3.87<–3.39, es factible rechazar la hipótesis nula relacionada con la existencia de una raíz unitaria en la serie "des".

Es factible en consecuencia proceder a la estimación del modelo (1):
ivreg2 infla pep (des=l2.des l2.varpbi), first robust
First-stage regressions
First-stage regression of des:

OLS regression with robust standard errors

Number of obs = 57
F (3,53) = 30.11
Prob > F = 0.0000
Total (centered) SS   =.1374751906 Centered R2 = 0.7038
Total (uncentered) SS =.4770729915 Uncentered R2 =
0.9146
Residual SS   =.0407222421 Root MSE = .02772

| **Robust**

des	Coef.	Std. Err.	t	P>|t|	[95%Conf.Interval]
pep	**-.0167625**	.0069067	**-2.43**	0.019	**-.0306156** -.0029095
des					
L2.	.8851101	.093863	9.43	0.000	.6968447 1.073375
varpbi					
L2.	.0978732	.0653002	1.50	0.140	-.0331024 .2288488
_cons	.0120785	.0062038	1.95	0.057	-.0003646 .0245217

Included instruments: pep L2.des L2.varpbi

Partial R-squared of excluded instruments: 0.6992
Test of excluded instruments:
F (2, 53) = 44.47
Prob > F = 0.0000
Summary results for first-stage regressions

Shea

Variable	Partial R2	Partial R2 F (2, 53) P-value
Des	0.6992	0.6992 44.47 0.0000

NB: first-stage F-stat heteroskedasticity-robust

Underidentification tests:

Chi-sq (2)   P-value

Anderson canon. corr. (Correlación canónica de Anderson) likelihood ratio stat.   68.47   0.0000

Cragg-Donald N*minEval stat.   132.48   0.0000

Ho: matrix of reduced form coefficients has rank=K-1 (underidentified)

Ha: matrix has rank>=K (identified)

Weak identification statistics:

Cragg-Donald (N-L)*minEval/L2 F-stat 61.59

NB: identification statistics not robust

Anderson-Rubin test of joint significance of endogenous regressors B1 in main equation, Ho:B1=0

F(2,53) = 4.04   P-val = 0.0232

Chi-sq(2) = 8.70   P-val = 0.0129

NB: Anderson-Rubin stat heteroskedasticity-robust

Number of observations N = 57

Number of regressors K = 3

Number of instruments L = 4

Number of excluded instruments L2 = 2

Este desarrollo me permite plantear una alternativa con el sistema 2SLS, donde se observa resultados que afirman la pendiente negativa de la curva

----

D) IV (2SLS) regression with robust standard errors

Number of obs = 57

F (2, 54) = 4.11

Prob > F = 0.0218

Total (centered) SS   = 1457.327178 Centered R2 = 0.0122

Total (uncentered) SS = 1637.466696 UncenteredR2=0.1209
Residual SS   = 1439.536636 Root MSE = 5.025

```
----------------------------------------------------------------
|       Robust
infla | Coef.     Std. Err.    z    P>|z|  [95%Conf.Interval]
----------------------------------------------------------------
des  |  -20.8459  7.426642 -2.81 0.005 -35.40185 -6.289951
pep  |  -2.10004  1.9685609 -2.17 0.030 -3.998385 -.2016962
_cons|3.828885   1.389073  2.76  0.006 1.106352   6.551417
----------------------------------------------------------------
```

Anderson canon. corr. LR statistic (identification/IV relevance test): 68.471
Chi-sq (2) P-val = 0.0000

```
----------------------------------------------------------------
```

Hansen J statistic (overidentification test of all instruments): 2.628
Chi-sq (1) P-val = 0.1050

```
----------------------------------------------------------------
```

Instrumented: des
Included instruments: pep
Excluded instruments: L2.des L2.varpbi

```
----------------------------------------------------------------
```

Se comentan a continuación los tests, presentados precedentemente, referidos a las propiedades de los instrumentos tanto para identificar la ecuación a estimar como su fortaleza (First stage regressions).

- **Shea R2** parcial: es una medida sobre la relevancia (o poder explicativo) de cada uno de los instrumentos que toma en cuenta la inter-correlación entre ellos. Una regla de tipo nemotécnica, es la que indica que si el R2 parcial es alto y mayor que un Shea R2 parcial bajo, **se puede concluir que los instrumentos son poco relevantes para explicar a los regresores endógenos.**

- **Test de Correlación Canónica de Anderson: se testea** si la ecuación estructural está identificada o no. La identificación presupone poder estimar los coeficientes de la ecuación estructural a partir de los coeficientes de la reducida. La hipótesis nula es que dicha ecuación no está identificada, los instrumentos son relevantes si dicha hipótesis se rechaza.
- **Cragg-Donald, Chi: el test está emparentado con el anterior.** No obstante usa como "pivote" el mínimo autovalor de la denominada matriz G, que se utiliza para testear si los coeficientes de las variables instrumentales son iguales a cero. Los instrumentos son relevantes si dicha hipótesis se rechaza
- **Test de Anderson-Rubin, versión F y Chi:** testea la significancia de las variables endógenas en la ecuación estructural que se va a estimar.
- **Cragg-Donald, F:** es de alguna manera la versión "estadístico F", del test anterior. J. Stock y M. Yogo, proponen este estadístico para testear la "debilidad" de los instrumentos. En particular ellos demuestran que (para la cantidad de variables e instrumentos utilizados en el presente trabajo) el verdadero tamaño del test será de:
  - 0.10 (en lugar de 0.05) si el estadístico F es menor o igual a 7.03
  - 0.15 (en lugar de 0.05) si el estadístico F es menor o igual a 4.58
  - 0.20 (en lugar de 0.05) si el estadístico F es menor o igual a 3.95
  - 0.25 (en lugar de 0.05) si el estadístico F es menor o igual a 3.63

Esto advierte sobre la mayor probabilidad de cometer errores de tipo I, sobre todo cuando de lo que se trata es de rechazar la hipótesis nula (Stock J.H. and Yogo M. 2002.

Testing for Weak Instruments in Linear IV Regression. NBER Technical Working Paper 284).
Luego presentan los resultados de la regresión con variables instrumentales, con la opción "robusta". Esto es, se utiliza una matriz de varianzas y covarianzas del error que corrige automáticamente los casos de auto-correlación y heterocedasticidad de los errores. Por su parte, el estadístico "Hansen J" no rechaza la hipótesis nula relacionada con la independencia entre las variables instrumentales y los errores aleatorios.
En suma, las estimaciones son estadísticamente satisfactorias e indican que durante la EPP a iguales tasas de inflación correspondieron en promedio menores tasas de desempleo
Este resultado puede graficarse de la siguiente forma:

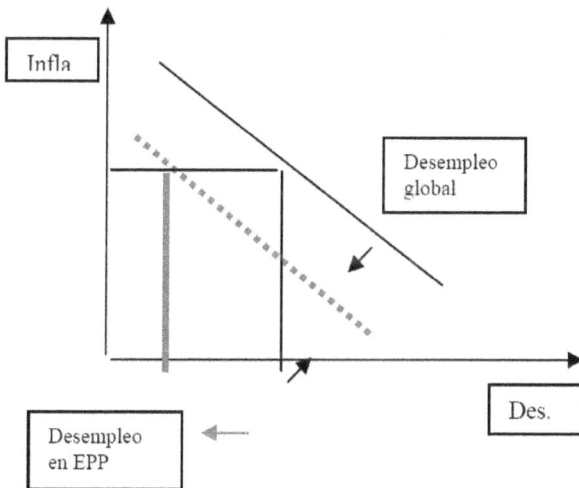

Siendo: EPP: economía política del peronismo.

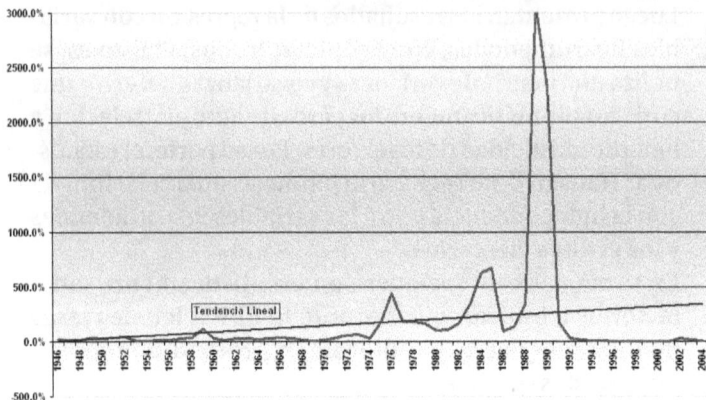

Ilustración 1: Evolución Anual del Índice de Precios Minoristas

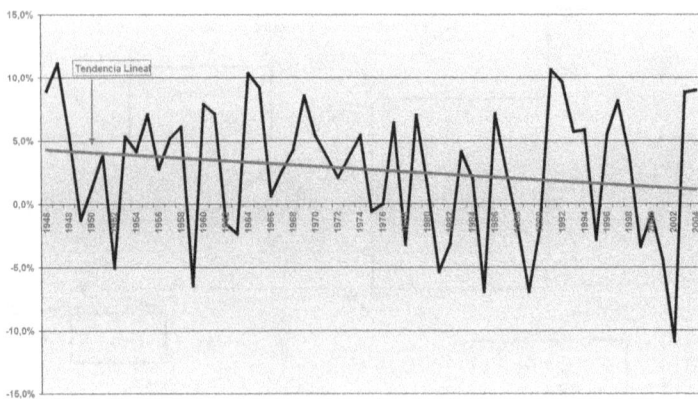

Ilustración 2: Evolución de la Tasa de Variación Anual del Producto Bruto Interno (PBI)

Ilustración 3: Evolución de la Tasa de Desempleo

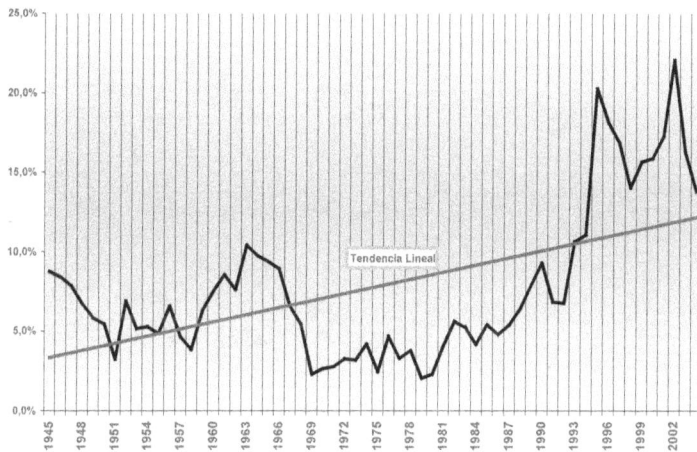

Tendencia Lineal